달곰한 문해력

초등문법

쓰면서 익히는

맞춤법+받아쓰기

2 단계

문해력은 글을 읽고 해석하는 능력을 뜻해요.
단순히 글자를 읽는 것이 아니라 글 안에 들어 있는 의미까지 파악하는 것이지요.
문해력이 있다는 것은 무엇으로 알 수 있을까요?
자신이 이해하고 파악한 내용을 말이나 글로써 나타낼 때 알 수 있게 되어요.
이때 바탕이 되는 것이 바로 맞춤법과 문법이에요.
우리말인 국어에서 맞춤법이나 문법을 알지 못한다면 어떤 일이 생길까요?
말하고자 하는 바를 제대로 나타낼 수 없게 되어요.
맞춤법이나 문법에 어긋나는 말이나 글로는 제대로 된 소통이 이뤄질 수 없으니까요.
맞춤법과 문법이 갖춰져야 문해력을 완성할 수 있답니다.

『달곰한 문해력 초등 문법』은 여러분이 문해력을 완성할 수 있도록 도와줄 거예요.
어렵게만 느껴지는 문법을 그림과 흥미로운 소재의 글을 통해 **재미있게 학습**할 수 있고,
학년별 눈높이에 딱 맞춘 구성으로 **문법 실력을 차근차근 키워** 갈 수 있답니다.

자, 그럼 이제 **『달곰한 문해력 초등 문법』**을 시작해 볼까요?

WHY 왜 맞춤법과 받아쓰기가 중요할까요?

맞춤법

글자와 소리가 다른 낱말

우리말에는 글자와 소리가 다른 낱말이 많습니다. 그래서 맞춤법을 잘 알지 못하면 글자를 잘못 쓰게 될 수 있습니다. 글자를 잘못 쓰면 어떻게 될까요? 말하고자 하는 바를 제대로 표현할 수 없게 됩니다. 이는 의사소통에도 문제가 생기게 하며, 학습에도 영향을 줍니다.

꽃이야 [꼬치야] 받아쓰기 [바다쓰기]

글자와 소리가 달라서 헷갈릴 수 있는 낱말

모든 과목 학습의 기초

맞춤법은 국어 능력에만 영향을 미치지 않습니다. 맞춤법은 모든 과목의 분야나 난이도와 관계없이 필수적인 학습의 바탕이 됩니다. 맞춤법에 따라 바르게 읽고 쓸 수 있어야 학습 내용을 정확히 이해하고 표현할 수 있습니다.

국어 → 국어 교과 어휘 / 수학 교과 어휘 / 사회 교과 어휘 / 과학 교과 어휘

받아쓰기

맞춤법 지식 판단의 척도

받아쓰기는 맞춤법을 익히고, 띄어쓰기 등을 정확히 알고 있는지 판단하는 데 가장 좋은 학습 방법입니다. 맞춤법과 받아쓰기 학습에도 적정 시기가 있습니다. 맞춤법과 받아쓰기 학습은 한글 기초 학습을 완성해 나가는 초등학교 저학년 시기에 반드시 필요합니다.

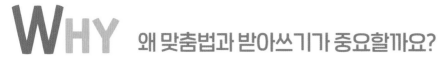

HOW 어떻게 맞춤법을 공부해야 할까요?

1. 올바른 맞춤법 규정
2. 쓰기 학습
3. 반복 학습

선행되어야 하는 것은 올바른 맞춤법 규정을 익히는 것입니다. 초등학생이 알아야 할 국어 맞춤법 규정을 명확하게 익혀야 합니다. 그리고 맞춤법에 맞는 낱말과 문장을 직접 쓰며 내재화해야 합니다. 읽고, 듣고, 쓰며 맞춤법을 온전히 익혀야 합니다. 또한 이 학습을 반복적으로 지속할 때 효율적인 맞춤법 학습이 완성됩니다.

『달곰한 문해력 초등 문법 – 맞춤법·받아쓰기』는

초등학교 저학년 필수 맞춤법 학습의 기준입니다.

『달곰한 문해력 초등 문법 – 맞춤법·받아쓰기』로 예비 초등, 초등 1·2학년 학생들에게 필수적인 맞춤법 완전 학습이 가능합니다. 각 학년당 네 개의 맞춤법 주제 아래 총 20개의 필수 맞춤법을 선정하였습니다. 흥미로운 삽화를 통해 맞춤법 쓰임을 확인하고, 도식화된 개념으로 맞춤법을 익힙니다. 그리고 낱말, 문장, 이야기 글을 활용한 반복적인 쓰기 활동을 통해 맞춤법을 완벽하게 익히게 됩니다.

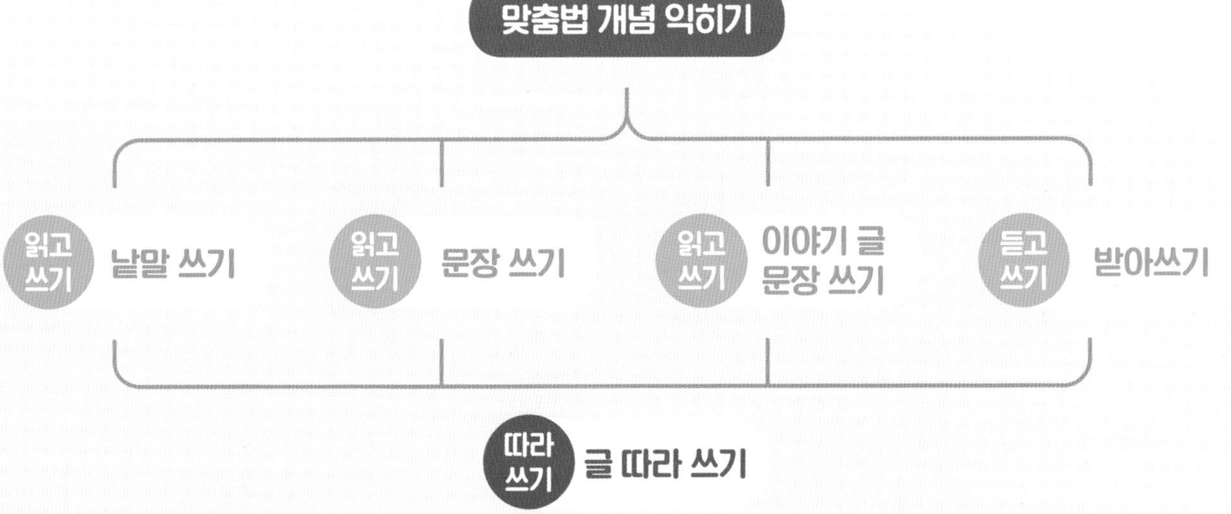

이 책을 감수해 주신

선생님의 한 마디

감수 **서혁 교수님**

이화여자대학교
국어교육학과 교수

일상생활은 물론 교과 학습을 이끌어 가는 필수적 선택,

『달곰한 문해력 초등 문법』

문해력은 일상생활은 물론 교과 학습을 이끌어 가는 필수적인 능력입니다. 문해력의 기초를 다지기 위해서는 어휘력을 기반으로 하면서도 언어에 대한 체계적인 지식과 함께 그 사용의 규칙과 원리를 잘 이해해야 합니다. 이러한 맥락에서 『달곰한 문해력 초등 문법』 시리즈는 문법 교육을 단순한 규칙 암기가 아닌, 문해력 향상을 위한 핵심 전략으로 재구성한 교재입니다. 이 시리즈는 『달곰한 문해력 어휘』, 『달곰한 문해력 기본서』, 『달곰한 문해력 독해』의 과정을 거치며 사고력과 표현력을 길러 온 학생들이, 자신의 생각을 정확하고 논리적으로 전달할 수 있도록 문법적 토대를 마련하는 것을 목표로 합니다.

객관식 문항에 의존하지 않고, 쓰기 중심 학습을 통해 문법 지식을 내면화하도록 설계한 점은 본 교재의 중요한 특징입니다. 또한 초등 1~2학년 수준의 맞춤법 및 받아쓰기부터, 초등 고학년은 물론 중학생들에게도 유용한 교과서 기반 문법을 체계화하여 단계적으로 제시함으로써 학습 연속성과 학습자의 성장 과정을 체계적으로 고려했습니다.

문법을 통해 사고를 조직하고 표현하는 능력을 길러야 한다는 시대적 요구에 부응하는 이 교재는, 학습자들의 문해력 기반을 다지는 데 필수적인 문법 내용들을 간명하게 정선하고 체계화했다는 점에서 학생들에게 큰 도움이 될 것입니다.

감수 **김혜정 교수님**

경북대학교 국어교육학과 교수

『달곰한 문해력 초등 문법』은 초등학교에서 중학교 단계에 이르는 까다로운 문법 내용을 골라, 쉽고 꼼꼼하게 짚어주는 교재입니다. 이 교재는 어려운 문법 지식만을 나열한 기존의 초등 문법서와는 달리, 실제 사용되고 있는 풍부한 사례를 다양한 문장과 글로 제시함으로써 그것을 읽고 쓰는 활동과 결합하여 제시하고 있습니다. 이는 자연스럽게 문법이 활용되는 용례를 언어 사용의 맥락 속에서 찾고, 일상의 언어 속에 숨겨진 언어 사용의 원리를 발견하며, 우리의 언어생활을 비판적으로 성찰하도록 구성했다는 점에서 특색이 있습니다. 이렇듯 문법을 읽기-쓰기와 연계함으로써, 국어를 어려워하는 학생들에게 문법에 대한 흥미를 돋우는 것은 물론, 기초 문해력과 언어에 대한 비판적 사고력을 신장시킬 기회가 될 것으로 기대합니다.

감수 **김종윤 교수님**

진주교육대학교 국어교육학과 교수

초등학교 시기의 문해력은 모든 배움의 토대가 됩니다. 『달곰한 문해력 초등 문법』은 단순한 규칙을 암기하는 데 머무르지 않고, 문법 내용을 읽고 이해하며, 표현하는 힘으로 연결하도록 만든 교재입니다. 학생들이 이 교재를 통해 문법 규칙을 자연스럽게 익히고 이를 통해 스스로 사고하고 표현하는 힘을 기를 수 있을 것으로 기대합니다.

이 책의 구성과 특징

❶ 맞춤법 개념

맞춤법의 쓰임을 알 수 있는 재미있는 그림과 도식화된 개념을 통해 맞춤법을 익혀요.

❷ 맞춤법 낱말 쓰기

맞춤법이 쓰인 낱말을 직접 써 보며 바른 맞춤법을 확인해요.

❸ 맞춤법 문장 쓰기

맞춤법이 쓰인 낱말이 담긴 문장을 직접 써 보며 바른 맞춤법을 확인해요.

❹ 이야기 속 맞춤법 문장 쓰기

흥미로운 소재의 이야기 글을 읽으며 맞춤법이 실제로 어떻게 쓰였는지 확인하고 문장을 직접 써 봐요.

❺ 맞춤법 문장 만들어 쓰기

배운 맞춤법을 적용하여 스스로 문장을 직접 만들어 써 봐요.

❻ 받아쓰기

배운 맞춤법을 QR에 담긴 음성을 들으며 받아 써요. 낱말과 문장을 모두 써 보며 완벽하게 맞춤법을 익혀요.

❼ 정답 및 해설

본문의 내용을 그대로 담아 정답을 빠르고 정확하게 확인할 수 있어요. 학습에 도움이 되는 도움말도 담겨 있어요.

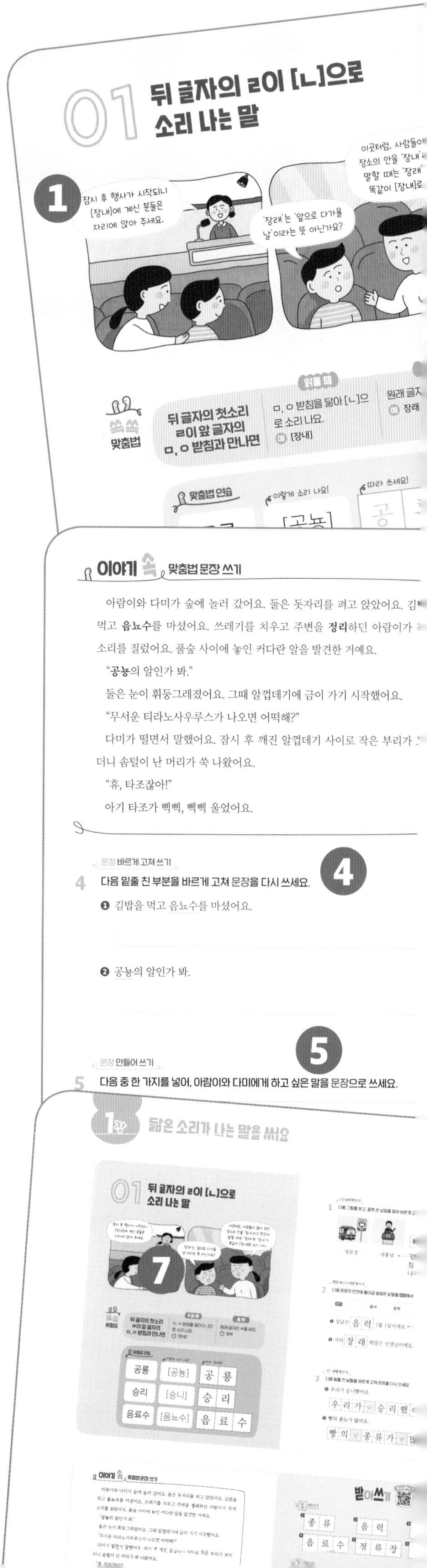

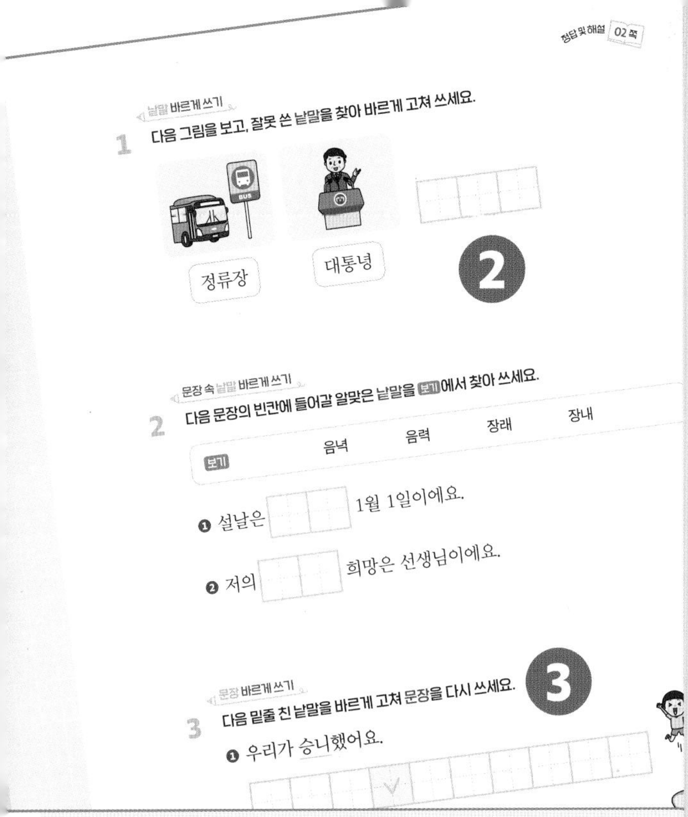

정답 및 해설 02 쪽
낱말 바르게 쓰기
1 다음 그림을 보고, 잘못 쓴 낱말을 찾아 바르게 고쳐 쓰세요.
정류장
대통녕
2
문장 속 낱말 바르게 쓰기
2 다음 문장의 빈칸에 들어갈 알맞은 낱말을 보기에서 찾아 쓰세요.
보기 음녁 음력 장래 장내
❶ 설날은 1월 1일이에요.
❷ 저의 희망은 선생님이에요.
문장 바르게 쓰기
3 다음 밑줄 친 낱말을 바르게 고쳐 문장을 다시 쓰세요.
3
❶ 우리가 승니했어요.

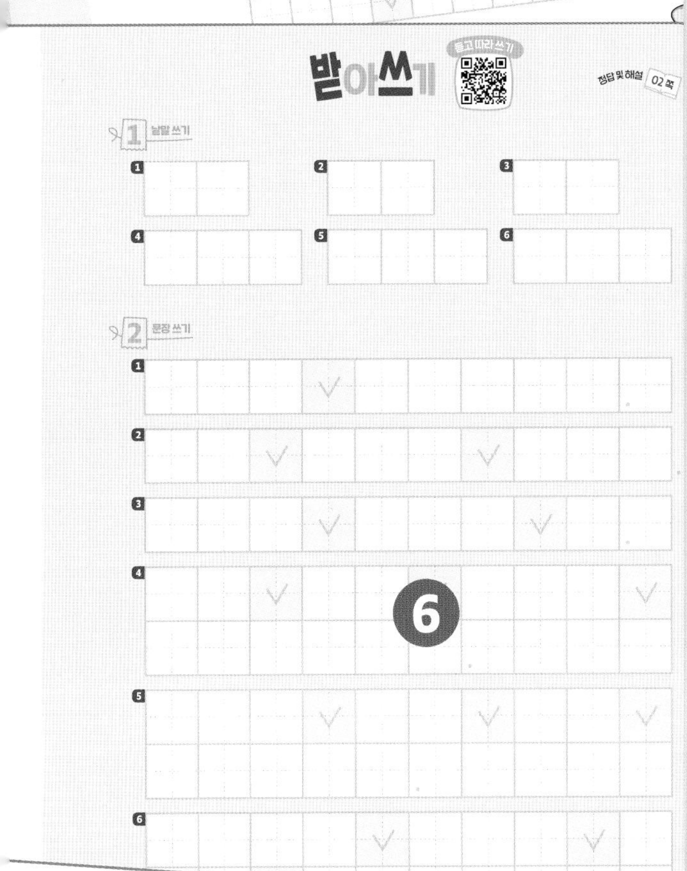

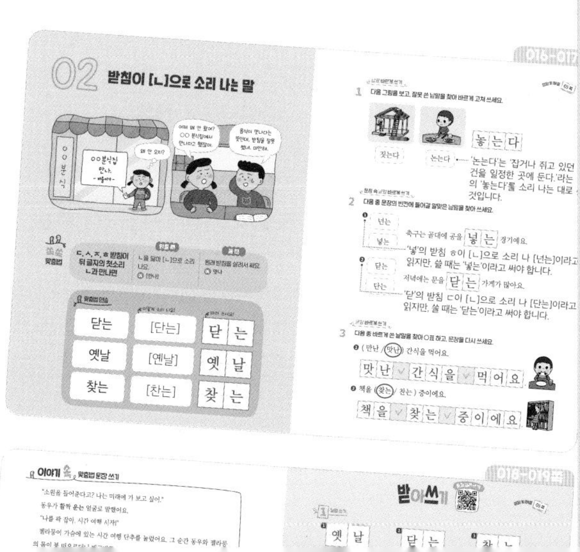

부록

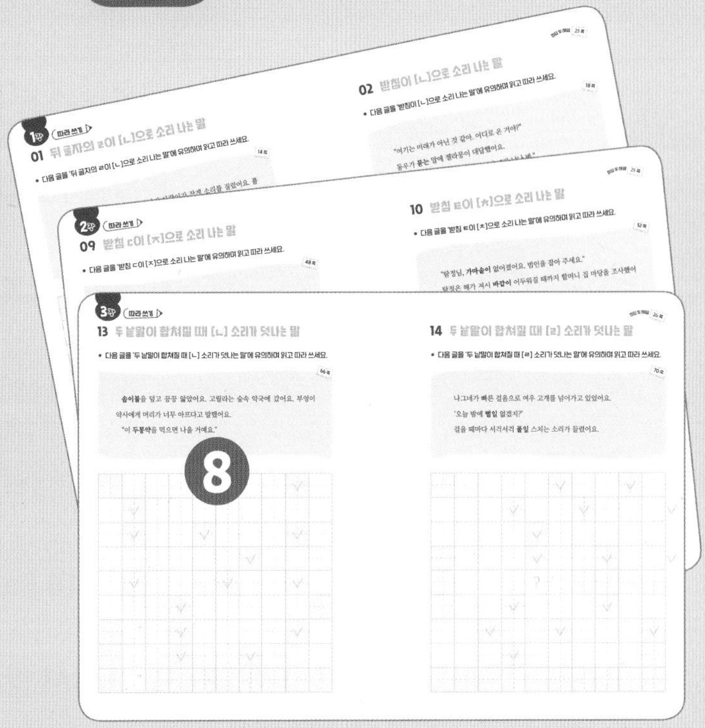

❽ 글 따라 쓰기

본문에서 학습한 이야기 글의 일부분을 다시 읽어 봐요. 그리고 맞춤법이 적용된 부분을 그대로 따라 써 봐요. 맞춤법 내용을 읽기와 쓰기를 활용한 반복 학습을 통해 완벽하게 익힐 수 있어요.

이 책의 차례

1장 닮은 소리가 나는 말을 써요

2장 소리와 모양이 다른 말을 써요 (1)

1장

닮은 소리가 나는 말을 써요

앞 글자의 받침과 뒤 글자의 첫소리가 만나
비슷하거나 같은 소리로 바뀔 때가 있어요.
소리를 편하게 내기 위해서 닮은 소리로 바뀌는 거예요.
바뀌어 소리 나더라도, 쓸 때는 원래 글자대로 써야 해요.

01 뒤 글자의 ㄹ이 [ㄴ]으로 소리 나는 말

02 받침이 [ㄴ]으로 소리 나는 말

03 뒤 글자의 ㄴ이 [ㄹ]로 소리 나는 말

04 ㄴ 받침이 [ㄹ]로 소리 나는 말

05 ㅂ 받침이 [ㅁ]으로 소리 나는 말

06 ㅍ 받침이 [ㅁ]으로 소리 나는 말

07 ㄴ 앞에서 받침이 [ㅇ]으로 소리 나는 말

08 ㅁ 앞에서 받침이 [ㅇ]으로 소리 나는 말

01 뒤 글자의 ㄹ이 [ㄴ]으로 소리 나는 말

잠시 후 행사가 시작되니 [장내]에 계신 분들은 자리에 앉아 주세요.
'장래'는 '앞으로 다가올 날'이라는 뜻 아닌가요?
이곳처럼, 사람들이 많이 모인 장소의 안을 '장내'라고 한단다. 말할 때는 '장래'와 '장내'가 똑같이 [장내]로 소리 나지.

쏙쏙 맞춤법

	읽을 때	쓸 때
뒤 글자의 첫소리 ㄹ이 앞 글자의 ㅁ, ㅇ 받침과 만나면	ㅁ, ㅇ 받침을 닮아 [ㄴ]으로 소리 나요. 예 [장내]	원래 글자인 ㄹ을 써요. 예 장래

맞춤법 연습

	이렇게 소리 나요!	따라 쓰세요!
공룡	[공뇽]	공 룡
승리	[승니]	승 리
음료수	[음뇨수]	음 료 수

낱말 바르게 쓰기

1 다음 그림을 보고, 잘못 쓴 낱말을 찾아 바르게 고쳐 쓰세요.

정류장 대통녕

문장 속 낱말 바르게 쓰기

2 다음 문장의 빈칸에 들어갈 알맞은 낱말을 보기에서 찾아 쓰세요.

보기 음녁 음력 장래 장내

❶ 설날은 [ ] 1월 1일이에요.

❷ 저의 [ ] 희망은 선생님이에요.

문장 바르게 쓰기

3 다음 밑줄 친 낱말을 바르게 고쳐 문장을 다시 쓰세요.

❶ 우리가 <u>승니</u>했어요.

❷ 빵의 <u>종뉴</u>가 많아요.

이야기 속 맞춤법 문장 쓰기

아람이와 다미가 숲에 놀러 갔어요. 둘은 돗자리를 펴고 앉았어요. 김밥을 먹고 **음뇨수**를 마셨어요. 쓰레기를 치우고 주변을 **정리**하던 아람이가 작게 소리를 질렀어요. 풀숲 사이에 놓인 커다란 알을 발견한 거예요.

"**공뇽**의 알인가 봐."

둘은 눈이 휘둥그레졌어요. 그때 알껍데기에 금이 가기 시작했어요.

"무서운 티라노사우루스가 나오면 어떡해?"

다미가 떨면서 말했어요. 잠시 후 깨진 알껍데기 사이로 작은 부리가 보이더니 솜털이 난 머리가 쑥 나왔어요.

"휴, 타조잖아!"

아기 타조가 삑삑, 삑삑 울었어요.

문장 바르게 고쳐 쓰기

4 다음 밑줄 친 부분을 바르게 고쳐 문장을 다시 쓰세요.

❶ 김밥을 먹고 음뇨수를 마셨어요.

❷ 공뇽의 알인가 봐.

문장 만들어 쓰기

5 다음 중 한 가지를 넣어, 아람이와 다미에게 하고 싶은 말을 문장으로 쓰세요.

정리　　　공룡

받아쓰기

듣고 따라 쓰기

정답 및 해설 02쪽

1 낱말 쓰기

1

2

3

4

5

6

2 문장 쓰기

1

2

3

4

5

6

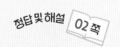

02 받침이 [ㄴ]으로 소리 나는 말

쏙쏙 맞춤법

	읽을 때	쓸 때
ㄷ, ㅅ, ㅈ, ㅎ 받침이 뒤 글자의 첫소리 ㄴ과 만나면	ㄴ을 닮아 [ㄴ]으로 소리 나요. 예 [만나]	원래 받침을 살려서 써요. 예 맛나

맞춤법 연습

	이렇게 소리 나요!	따라 쓰세요!
닫는	[단는]	닫는
옛날	[옌날]	옛날
찾는	[찬는]	찾는

정답 및 해설 03쪽

낱말 바르게 쓰기

1 다음 그림을 보고, 잘못 쓴 낱말을 찾아 바르게 고쳐 쓰세요.

짓는다

논는다

문장 속 낱말 바르게 쓰기

2 다음 중 문장의 빈칸에 들어갈 알맞은 낱말을 찾아 쓰세요.

❶ 넌는 / 넣는

축구는 골대에 공을 [ ] 경기예요.

❷ 닫는 / 단는

저녁에는 문을 [ ] 가게가 많아요.

문장 바르게 쓰기

3 다음 중 바르게 쓴 낱말을 찾아 ○표 하고, 문장을 다시 쓰세요.

❶ (만난 / 맛난) 간식을 먹어요.

❷ 책을 (찾는 / 찬는) 중이에요.

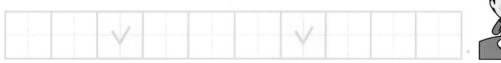

이야기 속 맞춤법 문장 쓰기

"소원을 들어준다고? 나는 미래에 가 보고 싶어."

동우가 활짝 **운는** 얼굴로 말했어요.

"나를 꽉 잡아. 시간 여행 시작!"

젤라뭉이 가슴에 있는 시간 여행 단추를 눌렀어요. 그 순간 동우와 젤라뭉의 몸이 붕 떠오르더니 빙글빙글 돌았어요.

동우가 감았던 눈을 떴어요. 눈앞에 기와집과 초가집이 보였어요. 한복을 입고 머리를 길게 땋은 아이들이 뛰어다녔어요.

"젤라뭉, 여기는 미래가 아닌 것 같아. 어디로 온 거야?"

동우가 **문는** 말에 젤라뭉이 대답했어요.

"왜 **옌날**로 왔지? 시간 여행 단추가 고장 났나 봐."

문장 바르게 고쳐 쓰기

4 다음 밑줄 친 부분을 바르게 고쳐 문장을 다시 쓰세요.

❶ 동우가 활짝 운는 얼굴로 말했어요.

⇨

❷ 동우가 문는 말에 젤라뭉이 대답했어요.

⇨

문장 만들어 쓰기

5 다음 규칙에 맞게 문장을 만들어 쓰세요.

규칙 ① '옌날'을 바르게 고친 말을 넣어서 써요.
② 미래에 가 보고 싶었던 동우에게 하고 싶은 말을 써요.

받아쓰기

듣고 따라 쓰기

정답 및 해설 03쪽

1 낱말 쓰기

1

2

3

4

5

6

2 문장 쓰기

1

2

3

4

5

6

03 뒤 글자의 ㄴ이 [ㄹ]로 소리 나는 말

쏙쏙 맞춤법

뒤 글자의 첫소리 ㄴ이 앞 글자의 ㄹ 받침과 만나면	읽을 때	쓸 때
	ㄹ 받침을 닮아 [ㄹ]로 소리 나요. 예 [발램새]	원래 글자인 ㄴ을 써요. 예 발냄새

맞춤법 연습

	이렇게 소리 나요!	따라 쓰세요!
실내	[실래]	실 내
설날	[설랄]	설 날
물냉면	[물랭면]	물 냉 면

정답 및 해설 04 쪽

낱말 바르게 쓰기

1 다음 중 바르게 쓴 낱말에 ○표 하고, 빈칸에 쓰세요.

❶ 발램새 / 발냄새

❷ 물냉면 / 물랭면

문장 속 낱말 바르게 쓰기

2 다음 문장의 빈칸에 들어갈 낱말로 알맞은 것에 ○표 하고, 바르게 쓰세요.

❶ 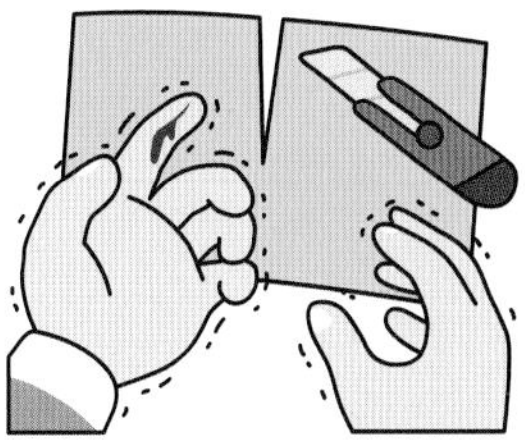

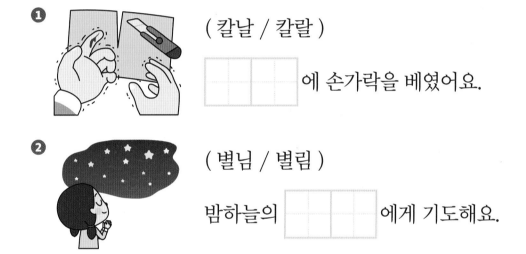

(칼날 / 칼랄)

☐☐ 에 손가락을 베였어요.

❷ 

(별님 / 별림)

밤하늘의 ☐☐ 에게 기도해요.

문장 바르게 쓰기

3 다음 밑줄 친 낱말을 바르게 고쳐 문장을 다시 쓰세요.

❶ 실래화를 신어요.

❷ 줄럼끼 연습을 해요.

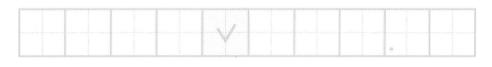

이야기 속 맞춤법 문장 쓰기

설랄 연휴에 주원이네 가족은 물놀이 공원에 갔어요. 주원이는 파도가 치는 **실래** 수영장에서 놀았어요. 출렁거리는 파도를 타는 것이 재미있었지요.

신나게 **물놀이**를 하던 주원이는 갑자기 오줌이 마려웠어요.

"아빠, 저 화장실에 다녀올게요."

"누나, 그냥 물속에서 눠. 여기 물이 엄청 많아서 괜찮아."

아빠가 재원이에게 엄하게 말씀하셨어요.

"그건 절대로 하면 안 되는 행동이야."

그때 파도가 크게 출렁였어요. 재원이의 입에 물이 왈칵 들어갔어요. 재원이가 물을 얼른 뱉었어요.

"으앙, 잘못했어요. 아까 급해서 오줌 몇 방울 누었어요."

문장 바르게 고쳐 쓰기

4 다음 밑줄 친 부분을 바르게 고쳐 문장을 다시 쓰세요.

❶ 설랄 연휴에 주원이네 가족은 물놀이 공원에 갔어요.

⇨

❷ 주원이는 파도가 치는 실래 수영장에서 놀았어요.

⇨

문장 만들어 쓰기

5 다음 규칙에 맞게 문장을 만들어 쓰세요.

규칙 ① '물놀이'라는 말을 넣어서 써요.
② 주원이의 동생 재원이에게 하고 싶은 말을 써요.

받아쓰기

듣고 따라 쓰기

정답 및 해설 04쪽

1 낱말 쓰기

1

2

3

4

5

6

2 문장 쓰기

1

2

3

4

5

6

04 ㄴ 받침이 [ㄹ]로 소리 나는 말

아빠, 우리는 어느 쪽으로 가야 해요?
우리는 신랑 쪽 손님으로 왔단다. 그런데 '신랑'이라고 쓰인 곳이 없구나.
실랑
정○○
신부
이○○

쏙쏙 맞춤법

	읽을 때	쓸 때
앞 글자의 ㄴ 받침이 뒤 글자의 첫소리 ㄹ과 만나면	ㄹ을 닮아 [ㄹ]로 소리 나요. 예 [실랑]	원래 받침인 ㄴ을 써요. 예 신랑

맞춤법 연습

	이렇게 소리 나요!	따라 쓰세요!
편리	[펼리]	편 리
산신령	[산실령]	산 신 령
한라산	[할라산]	한 라 산

정답 및 해설 05쪽

낱말 바르게 쓰기

1 다음 그림을 보고, 빈칸에 들어갈 알맞은 받침을 쓰세요.

❶  나 로

❷  시 랑

❸  부 리

❹  바 려 견

문장 속 낱말 바르게 쓰기

2 다음 문장의 빈칸에 들어갈 알맞은 낱말을 보기에서 찾아 쓰세요.

보기	펄리	편리	관리	괄리

❶ 스마트폰은 (   ) 한 도구예요.

❷ 잔디가 잘 자라도록 (   ) 해요.

문장 바르게 쓰기

3 다음 밑줄 친 낱말을 바르게 고쳐 문장을 다시 쓰세요.

❶ 공연을 <u>괄람</u>했어요.

❷ 색깔별로 <u>불류</u>해요.

이야기 속 맞춤법 문장 쓰기

단이는 주위를 두리번거렸어요. 하얀 수염이 무릎까지 내려온 할아버지가 바위 위에 서 있었어요.

"할아버지, 바닷가 마을로 내려가는 길을 아세요?"

할아버지가 따라오라는 손짓을 했어요. 단이가 뒤따라가며 말했어요.

"**원래** 산길을 잘 아는데 오늘은 토끼를 쫓다가 길을 잃었어요. 그런데 할아버지 댁은 어디예요?"

"내 집은 **할라산**이란다. 이천 년 동안 이 산에서만 살았지."

할아버지의 신비로운 목소리가 산에 울렸어요. 곧바로 할아버지가 사라지고, 눈앞에 마을이 보였어요. 단이는 깨달았어요.

'**산실령** 할아버지였구나!'

문장 바르게 고쳐 쓰기

4 다음 밑줄 친 부분을 바르게 고쳐 문장을 다시 쓰세요.

❶ 내 집은 할라산이란다.

⇨

❷ 산실령 할아버지였구나!

⇨

문장 만들어 쓰기

5 다음 중 한 가지를 넣어, 다음 날 다시 산에 오른 단이가 할아버지를 만난다면 무슨 말을 할지 문장으로 쓰세요.

원래	한라산

받아쓰기

듣고 따라 쓰기

정답 및 해설 05 쪽

1 낱말 쓰기

1
2
3
4
5
6

2 문장 쓰기

1
2
3
4
5
6

05 ㅂ 받침이 [ㅁ]으로 소리 나는 말

쏙쏙 맞춤법

ㅂ 받침이 뒤 글자의 첫소리 ㄴ, ㅁ과 만나면	읽을 때	쓸 때
	ㄴ, ㅁ을 닮아 [ㅁ]으로 소리 나요. 예 [검나요]	원래 받침인 ㅂ을 써요. 예 겁나요

맞춤법 연습

	이렇게 소리 나요!	따라 쓰세요!
톱니	[톰니]	톱 니
밥물	[밤물]	밥 물
입는	[임는]	입 는

낱말 바르게 쓰기

1 다음 그림을 보고, 빈칸에 들어갈 알맞은 받침을 쓰세요.

❶  이 맛

❷  토 니

❸  바 물

❹  이 맛 춤

문장 속 낱말 바르게 쓰기

2 다음 문장의 빈칸에 들어갈 알맞은 낱말을 보기에서 찾아 쓰세요.

보기	굽는	굶는	점는	접는

❶ 빵 냄새가 좋아요.

❷ 색종이로 학 방법을 배웠어요.

문장 바르게 쓰기

3 다음 중 바르게 쓴 낱말을 찾아 ○표 하고, 문장을 다시 쓰세요.

❶ 글씨를 (씁니다 / 쓺니다).

❷ 자전거를 (탐니다 / 탑니다).

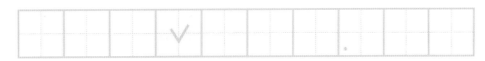

이야기 속 맞춤법 문장 쓰기

"하늘이한테 작아진 옷들인데 그냥 버리기 아깝잖아."

엄마는 내가 안 **입는** 옷을 펼쳐 놓고 사진을 찍으셨어요. 그리고 사용하던 물건을 싼값에 사고파는 온라인 장터에 글과 사진을 올리셨어요.

어린이 옷 **팝니다**. 몇 번 안 입어 새 옷처럼 깨끗합니다.

얼마 지나지 않아 띠링 하고 휴대 전화 알림음이 울렸어요.

"옷 사진을 보더니 아이가 입는다고 했대. 얼른 전해 줘야겠다."

며칠 뒤, 엄마가 휴대 전화 메시지와 사진을 보여 주셨어요.

예쁘게 잘 입을게요. **감사합니다**.

사진 속에서 귀여운 여자아이가 내 바지와 티셔츠를 입고 있었어요.

그 모습을 보니 동생이 생긴 것 같아 기분이 좋았어요.

문장 바르게 고쳐 쓰기

4 다음 밑줄 친 부분을 바르게 고쳐 문장을 다시 쓰세요.

❶ 어린이 옷 팝니다.

⇨

❷ 감사합니다.

⇨

문장 만들어 쓰기

5 다음 중 한 가지를 넣어, 사용하던 물건을 사고파는 온라인 장터에 올릴 글을 문장으로 쓰세요.

입는	팝니다

받아쓰기

듣고 따라 쓰기

정답 및 해설 06쪽

1 낱말 쓰기

1

2

3

4

5

6

2 문장 쓰기

1

2

3

4

5

6

06 ㅍ 받침이 [ㅁ]으로 소리 나는 말

쏙쏙 맞춤법

	읽을 때	쓸 때
ㅍ 받침이 뒤 글자의 첫소리 ㄴ, ㅁ과 만나면	ㄴ, ㅁ을 닮아 [ㅁ]으로 소리 나요. 예 [암머리]	원래 받침인 ㅍ을 써요. 예 앞머리

맞춤법 연습

	이렇게 소리 나요!	따라 쓰세요!
덮는	[덤는]	덮 는
옆문	[염문]	옆 문
앞마당	[암마당]	앞 마 당

낱말 바르게 쓰기

1 다음 그림을 보고, 잘못 쓴 낱말을 찾아 바르게 고쳐 쓰세요.

암니 | 엷면

낱말 바르게 쓰기 (문장 속)

문장 속 낱말 바르게 쓰기

2 다음 문장의 빈칸에 들어갈 알맞은 낱말을 보기에서 찾아 쓰세요.

보기 덤는 덮는 엎는 엄는

❶ 겨울에 ☐☐ 이불은 두꺼워요.

❷ 컵을 ☐☐ 바람에 물을 다 쏟았어요.

문장 바르게 쓰기

3 다음 밑줄 친 낱말을 바르게 고쳐 문장을 다시 쓰세요.

❶ <u>암머리</u>가 길어요.

❷ <u>놈낮이</u>가 달라요.

이야기 속 맞춤법 문장 쓰기

반달곰이 동물들에게 고구마를 나누어 주기로 했어요. 소식을 들은 동물들이 반달곰의 집으로 모여들었지요.

늦잠을 잔 오소리는 꼴찌로 도착했어요. **암마당**에 동물들이 길게 줄을 서 있었지요. 줄의 맨 끝에 서자 다른 동물들의 **앞모습**은 보이지 않고 뒷모습만 보였어요.

"고구마를 받지 못하겠는걸."

불안해진 오소리는 대문 밖으로 나갔어요. 그리고 담장을 빙 돌아 **염문**으로 슬쩍 들어갔어요. 줄의 중간에 몰래 끼어들려고 했던 것이에요.

"오소리야, 왜 새치기하려고 하니?"

반달곰에게 들킨 오소리는 부끄러워서 얼굴이 빨개졌어요.

문장 바르게 고쳐 쓰기

4 **다음 밑줄 친 부분을 바르게 고쳐 문장을 다시 쓰세요.**

❶ 암마당에 동물들이 길게 줄을 서 있었지요.

⇨

❷ 담장을 빙 돌아 염문으로 슬쩍 들어갔어요.

⇨

문장 만들어 쓰기

5 **다음 중 한 가지를 넣어, 오소리에게 하고 싶은 말을 문장으로 쓰세요.**

앞모습 옆문

받아쓰기

듣고 따라 쓰기

정답 및 해설 07쪽

1 낱말 쓰기

1

2

3

4

5

6

2 문장 쓰기

1

2

3

4

5

6

07 ㄴ 앞에서 받침이 [ㅇ]으로 소리 나는 말

둘 중에서 하나를 고르시면, 시간 여행을 할 수 있습니다.
작년
장년
일 년 전으로 가고 싶어요. 파란색 장년!

안녕? 난 미래의 너야. '장년'은 서른 살에서 마흔 살 정도의 나이를 뜻해.
여기가 어디지?

쏙쏙 맞춤법

	읽을 때	쓸 때
ㄱ, ㄲ 받침이 뒤 글자의 첫소리 ㄴ과 만나면	ㄴ을 닮아 [ㅇ]으로 소리 나요. 예 [장년]	원래 받침인 ㄱ, ㄲ을 써요. 예 작년

맞춤법 연습

	이렇게 소리 나요!	따라 쓰세요!
막내	[망내]	막 내
닦는	[당는]	닦 는
함박눈	[함방눈]	함 박 눈

정답 및 해설 08쪽

낱말 바르게 쓰기

1 다음 그림을 보고, 잘못 쓴 낱말을 찾아 바르게 고쳐 쓰세요.

막내

숭녀

문장 속 낱말 바르게 쓰기

2 다음 문장의 빈칸에 들어갈 알맞은 낱말을 보기에서 찾아 쓰세요.

보기 당는 닦는 묶는 뭉는

❶ 그릇을 ☐☐ 솜씨가 늘었어요.

❷ 신발 끈을 ☐☐ 방법을 알아요.

문장 바르게 쓰기

3 다음 밑줄 친 낱말을 바르게 고쳐 문장을 다시 쓰세요.

❶ 송눈썹이 길어요.

❷ 함방눈이 내려요.

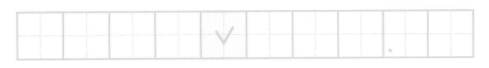

이야기 속 맞춤법 문장 쓰기

올겨울은 **장년** 겨울보다 눈이 많이 내렸어요. 눈이 내린 날이면 은호는 공원으로 달려갔어요. 휴대 전화 카메라로 사진 **찍는** 것을 좋아하거든요.

그날도 눈이 왔어요. 은호는 공원에 가서 나뭇가지에 쌓인 예쁜 눈을 찍었어요. 눈사람을 찍기 위해 걸어가던 은호가 발걸음을 멈추었어요. 누가 눈사람을 발로 차고 있었어요. 같은 학원을 다니는 4**항년** 형이었어요.

다음 날, 은호는 사진을 찍으러 또 공원을 찾았어요. 그런데 부서진 눈사람 앞에 두 친구가 서 있었어요.

"우리가 정성껏 만든 눈사람이 부서졌어!"

"너무해. 누가 그랬지?"

은호는 누구인지 알려 줄까 말까 고민이 되었어요.

문장 바르게 고쳐 쓰기

4 다음 밑줄 친 부분을 바르게 고쳐 문장을 다시 쓰세요.

❶ 올겨울은 장년 겨울보다 눈이 많이 내렸어요.

⇨

❷ 같은 학원을 다니는 4항년 형이었어요.

⇨

문장 만들어 쓰기

5 다음 중 한 가지를 넣어, 부서진 눈사람을 보며 속상해하는 두 친구에게 은호가 해 줄 수 있는 말을 문장으로 쓰세요.

찍는　　　학년

받아쓰기

듣고 따라 쓰기

정답 및 해설 08쪽

1 낱말 쓰기

1

2

3

4

5

6

2 문장 쓰기

1

2

3

4

5

6

08 ㅁ 앞에서 받침이 [ㅇ]으로 소리 나는 말

민재야, 먹물 좀 갖다 주겠니?
네, 할아버지.
여기 멍이 물이요!
왈왈
멍이
아이고, 이 개구쟁이 녀석! 멍이의 물을 갖고 오면 어떡하니.

쏙쏙 맞춤법

	읽을 때	쓸 때
ㄱ 받침이 뒤 글자의 첫소리 ㅁ과 만나면	ㅁ을 닮아 [ㅇ]으로 소리 나요. 예 [멍물]	원래 받침인 ㄱ을 써요. 예 먹물

맞춤법 연습

	이렇게 소리 나요!	따라 쓰세요!
국물	[궁물]	국 물
속마음	[송마음]	속 마 음
박물관	[방물관]	박 물 관

정답 및 해설 09쪽

낱말 바르게 쓰기

1 다음 중 바르게 쓴 낱말에 ○표 하고, 빈칸에 쓰세요.

❶ 싱물 / 식물

❷ 국물 / 궁물

문장 속 낱말 바르게 쓰기

2 다음 문장의 빈칸에 들어갈 낱말로 알맞은 것에 ○표 하고, 바르게 쓰세요.

❶ 

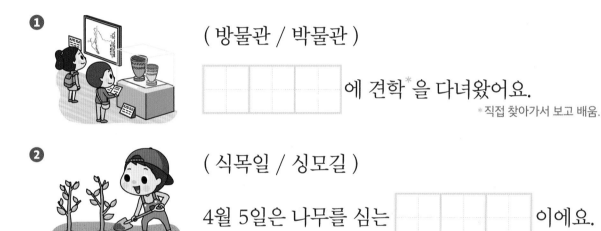

(방물관 / 박물관)

______ 에 견학* 을 다녀왔어요.

*직접 찾아가서 보고 배움.

❷ 

(식목일 / 싱모길)

4월 5일은 나무를 심는 ______ 이에요.

문장 바르게 쓰기

3 다음 중 바르게 쓴 낱말을 찾아 ○표 하고, 문장을 다시 쓰세요.

❶ (목말 / 몽말)을 탔어요.

❷ (멍물 / 먹물)을 뿜어요.

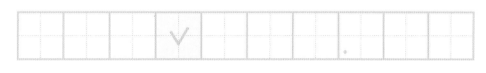

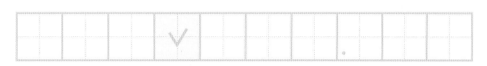

이야기 속 맞춤법 문장 쓰기

나는 놀이공원에 있는 **회전몽마**예요. 신나는 음악이 나오면 사람들을 태우고 빙빙 돌아요.

나는 나를 탄 사람의 **송마음**을 알 수 있어요. 대부분의 아이들은 나를 타고 즐거워해요. 그런데 무서워하는 아이도 있어요. 내리고 싶다고 속으로 소리쳐요. 그럴 땐 멈추고 싶지만 내 마음대로 되지 않아요.

밤이 되면 나는 멈춰 선 채로 잠을 자요. 들판을 달리는 행복한 꿈을 자주 꿔요. 하지만 가끔 무서운 **앙몽**을 꾸기도 해요. 어제 꿈에선 어떤 아이가 빨리 달리라고 두 발로 내 옆구리를 뻥뻥 찼어요. 너무 아파 울다가 깼어요.

나는 날마다 아이들을 만날 생각에 설레요. 나를 타는 아이들이 모두 즐거웠으면 좋겠어요.

문장 바르게 고쳐 쓰기

4 **다음 밑줄 친 부분을 바르게 고쳐 문장을 다시 쓰세요.**

❶ 나는 놀이공원에 있는 회전몽마예요.

❷ 나는 나를 탄 사람의 송마음을 알 수 있어요.

문장 만들어 쓰기

5 **다음 규칙에 맞게 문장을 만들어 쓰세요.**

규칙 ① '앙몽'을 바르게 고친 말을 넣어서 써요.
② 회전목마에게 하고 싶은 말을 써요.

받아쓰기

듣고 따라 쓰기

정답 및 해설 09쪽

1 낱말 쓰기

1

2

3

4

5

6

2 문장 쓰기

1

2

3

4

5

6

2장

소리와 모양이 다른 말을 써요 (1)

앞 글자의 받침 ㄷ, ㅌ이 ㅣ 모음으로 시작하는 말과 만나면 소리가 바뀌어 나요.
또한 자음 ㄱ, ㄷ, ㅂ, ㅈ은 앞이나 뒤에 ㅎ이 오면 거센소리로 나요.
쓸 때는 원래 글자를 살려서 써야 한답니다.

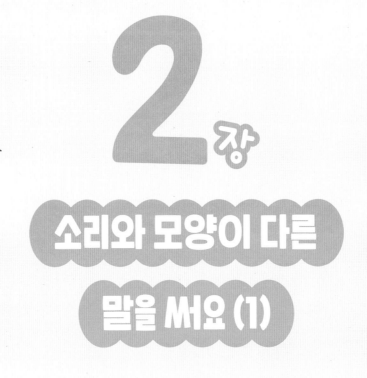

09 받침 ㄷ이 [ㅈ]으로 소리 나는 말

10 받침 ㅌ이 [ㅊ]으로 소리 나는 말

11 받침 ㅎ을 만나 거센소리로 나는 말

12 뒤 글자의 ㅎ을 만나 거센소리로 나는 말

09 받침 ㄷ이 [ㅈ]으로 소리 나는 말

쏙쏙 맞춤법

	읽을 때	쓸 때
ㄷ 받침이 뒤에 오는 모음 ㅣ와 만나면	[ㅈ]으로 소리 나요. 예 [가을거지]	ㄷ 받침을 살려서 써요. 예 가을걷이

맞춤법 연습

	이렇게 소리 나요!	따라 쓰세요!
맏이	[마지]	맏 이
등받이	[등바지]	등 받 이
미닫이	[미다지]	미 닫 이

정답 및 해설 10쪽

낱말 바르게 쓰기

1 다음 그림을 보고, 잘못 쓴 낱말을 찾아 바르게 고쳐 쓰세요.

미다지

턱받이

문장 속 낱말 바르게 쓰기

2 다음 중 문장의 빈칸에 들어갈 알맞은 낱말을 찾아 쓰세요.

❶ 맏이 / 마지

형은 삼 형제의 ☐☐ 예요.

❷ 구지 / 굳이

밤에 ☐☐* 과자를 먹겠다고 해요.

*고집을 부려서.

문장 바르게 쓰기

3 다음 밑줄 친 낱말을 바르게 고쳐 문장을 다시 쓰세요.

❶ <u>등바지</u>에 기대요.

❷ <u>해도지</u>를 보았어요.

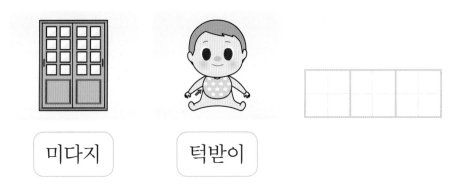

이야기 속 맞춤법 문장 쓰기

가을이 왔어요. 마을 사람들은 **가을거지**로 바빴어요. 게으름뱅이는 일하러 가기가 귀찮았어요. **여다지창**을 열어 놓고 집에만 있었어요. 온종일 창밖을 내다보다가 옆집 사람이 볏짐을 지고 지나가면,

"나도 벼를 추수해야 하는데……."

라고 말했어요. 사과 광주리를 이고 가는 사람을 보면 입맛을 다셨어요.

"맛있겠다. 우리 집 감나무도 감을 따야 하는데……."

게으름뱅이는 말만 할 뿐 할 일을 계속 미루었지요.

그러던 어느 날, 게으름뱅이는 꿈지럭거리며 일어나 밖으로 나갔어요. 논에 갔더니 벼가 모두 말라 있었어요. 감나무의 감은 땅바닥에 떨어져 다 터졌어요. 그제서야 게으름뱅이는 할 일을 미룬 것을 후회했어요.

문장 바르게 고쳐 쓰기

4 **다음 밑줄 친 부분을 바르게 고쳐 문장을 다시 쓰세요.**

❶ 마을 사람들은 가을거지로 바빴어요.

⇨

❷ 여다지창을 열어 놓고 집에만 있었어요.

⇨

문장 만들어 쓰기

5 **다음 중 한 가지를 넣어, 다음 해에 가을이 오면 게으름뱅이는 어떻게 행동할지 문장으로 쓰세요.**

가을걷이 여닫이창

받아쓰기

듣고 따라 쓰기

정답 및 해설 10쪽

1 낱말 쓰기

1

2

3

4

5

2 문장 쓰기

1

2

3

4

5

6

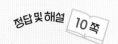

10 받침 ㅌ이 [ㅊ]으로 소리 나는 말

곰곰아,
이 그림엽서를 부쳐 줘.
-토토가-
오늘 우체국에 가서 엽서 부치고 왔어. 잘했지?
뭐? 난 엽서에 그려진 그림이 예뻐서 벽에 붙여 달라는 뜻으로 쓴 거야.

쏙쏙 맞춤법

	읽을 때	쓸 때
ㅌ 받침이 뒤에 오는 모음 ㅣ와 만나면	[ㅊ]으로 소리 나요. 예 [부치다]	ㅌ 받침을 살려서 써요. 예 붙이다

맞춤법 연습

	이렇게 소리 나요!	따라 쓰세요!
같이	[가치]	같 이
볕이	[벼치]	볕 이
쇠붙이	[쇠부치]	쇠 붙 이

낱말 바르게 쓰기

1 다음 그림을 보고, 잘못 쓴 낱말을 찾아 바르게 고쳐 쓰세요.

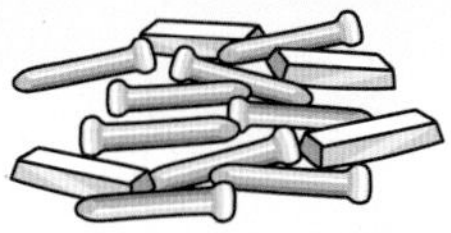

붙이다 쇠부치

문장 속 낱말 바르게 쓰기

2 다음 중 문장의 빈칸에 들어갈 알맞은 낱말을 찾아 쓰세요.

❶ 샅샅이 / 산싸치

가방 안을 ☐☐☐* 찾아요.

*틈이 있는 곳마다 모조리.

❷ 난나치 / 낱낱이

봉지에 든 사탕의 개수를 ☐☐☐* 세어요.

*하나하나 빠짐없이 모두 다.

문장 바르게 쓰기

3 다음 밑줄 친 낱말을 바르게 고쳐 문장을 다시 쓰세요.

❶ <u>파치</u> 들어 있어요.

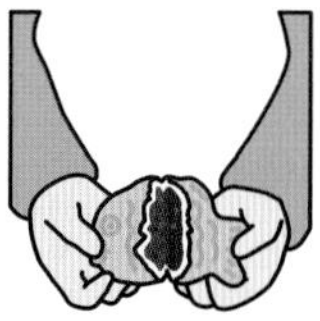

❷ 친구와 <u>가치</u> 걸어요.

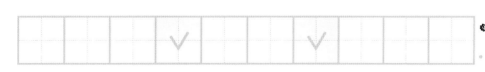

이야기 속 맞춤법 문장 쓰기

무더운 여름날, 똑똑 탐정 사무소에 할머니가 찾아왔어요.

"탐정님, **가마소치** 없어졌어요. 범인을 잡아 주세요."

탐정은 할머니에게 이것저것 물어보고 확인했어요.

"그러니까 가마솥은 어제 낮까지 마당에 있었다는 거네요. 앞집 돌이와 옆집 범이가 왔다 간 뒤에 사라졌고요."

탐정은 해가 져서 **바깥이** 어두워질 때까지 할머니 집 마당을 조사했어요.

'발자국을 보니 범인은 한 명이군.'

그때 돌이와 범이가 왔어요. 탐정은 두 사람의 손을 보더니 미소를 지었어요.

"어제는 한낮에 **벼치** 강했어. 뜨거운 햇볕을 받아 가마솥도 뜨거워졌지. 너희 중에 범인은…… 가마솥을 옮기느라 손을 덴 범이, 바로 너야!"

문장 바르게 고쳐 쓰기

4 다음 밑줄 친 부분을 바르게 고쳐 문장을 다시 쓰세요.

❶ 탐정님, <u>가마소치</u> 없어졌어요.

❷ 어제는 한낮에 <u>벼치</u> 강했어.

문장 만들어 쓰기

5 다음 중 한 가지를 넣어, 할머니가 가마솥을 갖고 간 범이에게 무슨 말을 하실지 문장으로 쓰세요.

바깥이 가마솥이

받아쓰기

듣고 따라 쓰기

정답 및 해설 11쪽

1 낱말 쓰기

1

2

3

4

5

2 문장 쓰기

1

2

3

4

5

6

11 받침 ㅎ을 만나 거센소리로 나는 말

이런, 산불이 났네! 관리 소장님께 알려야지.
이 말이 무슨 뜻일까?
좋지 않았는가? -관리 소장
조치*하지 않았는지 물으신 것 같아요. '조치'를 '좋지'로 잘못 쓰셨네요.

*어떤 문제를 해결하기 위해 필요한 일을 하는 것.

쏙쏙 맞춤법

	읽을 때	쓸 때
ㅎ 받침이 뒤에 오는 ㄱ, ㄷ, ㅈ과 만나면	거센소리인 [ㅋ, ㅌ, ㅊ]으로 소리 나요. 예 [조치]	ㅎ 받침과 뒤에 오는 ㄱ, ㄷ, ㅈ을 살려서 써요. 예 좋지

맞춤법 연습

	이렇게 소리 나요!	따라 쓰세요!
넣고	[너코]	넣 고
닿지	[다치]	닿 지
하얗다	[하야타]	하 얗 다

낱말 바르게 쓰기

1 다음 그림을 보고, 빈칸에 들어갈 알맞은 받침을 쓰세요.

❶  나 다

❷  너 다

❸  따 다

❹ 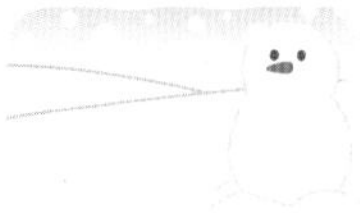 하 야 다

문장 속 낱말 바르게 쓰기

2 다음 문장의 빈칸에 들어갈 알맞은 낱말을 보기에서 찾아 쓰세요.

보기 놓고 노코 싸코 쌓고

❶ 지하철에 우산을 ____ 내렸어요.

❷ 모래성을 ____ 무너지지 않게 다독였어요.

문장 바르게 쓰기

3 다음 중 바르게 쓴 낱말을 찾아 ○표 하고, 문장을 다시 쓰세요.

❶ 발이 (닿지 / 다치) 않아요.

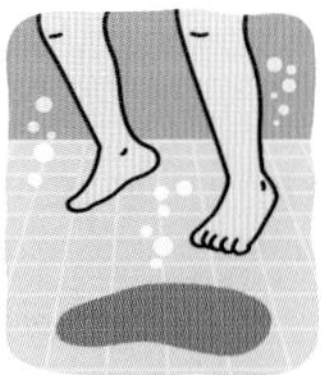

❷ 기분이 (조치 / 좋지) 않아요.

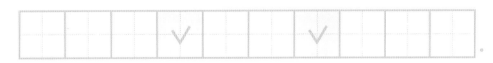

이야기 속 맞춤법 문장 쓰기

학교 앞에 솜사탕 가게가 생겼어요. 주인 아저씨는 통 안에 설탕을 **너코** 막대기를 빙빙 돌렸어요. 하얀 실 같은 것이 칭칭 감겨 **둥그러케** 솜사탕이 만들어졌어요.

지우는 꼴깍 군침을 삼켰어요. 솜사탕은 하나에 삼천 원이나 했어요. 솜사탕을 사 먹는 아이들을 부럽게 바라보던 지우에게 영채가 말을 걸었어요.

"지우야, 얼마 있어?"

"천오백 원."

"나는 천육백 원 있어. 우리 같이 사 먹을까?"

지우와 영채는 가지고 있는 돈을 합쳐 솜사탕을 샀어요. 둘은 **사이조케** 솜사탕을 번갈아 먹었어요. 달콤한 솜사탕이 혀끝에서 사르르 녹았어요.

문장 바르게 고쳐 쓰기

4 다음 밑줄 친 부분을 바르게 고쳐 문장을 다시 쓰세요.

❶ 주인 아저씨는 통 안에 설탕을 너코 막대기를 빙빙 돌렸어요.

❷ 둘은 사이조케 솜사탕을 번갈아 먹었어요.

문장 만들어 쓰기

5 다음 규칙 에 맞게 문장을 만들어 쓰세요.

규칙 ① '둥그러케'를 바르게 고친 말을 넣어서 써요.
② 솜사탕을 먹은 다음 날, 지우가 영채에게 어떤 말을 할지 상상해서 써요.

받아쓰기

듣고 따라 쓰기

정답 및 해설 12쪽

1 낱말 쓰기

1

2

3

4

5

6

2 문장 쓰기

1

2

3

4

5

6

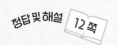

12 뒤 글자의 ㅎ을 만나 거센소리로 나는 말

쏙쏙 맞춤법

	읽을 때	쓸 때
ㄱ, ㄷ, ㅂ, ㅈ 받침이 뒤에 오는 ㅎ과 만나면	거센소리인 [ㅋ, ㅌ, ㅍ, ㅊ]으로 소리 나요. 예 [다친]	ㄱ, ㄷ, ㅂ, ㅈ 받침과 뒤에 오는 ㅎ을 살려서 써요. 예 닫힌

맞춤법 연습

	이렇게 소리 나요!	따라 쓰세요!
국화	[구콰]	국 화
닫힌	[다친]	닫 힌
급하게	[그파게]	급 하 게

정답 및 해설 13쪽

낱말 바르게 쓰기

1 다음 중 바르게 쓴 낱말에 ○표 하고, 빈칸에 쓰세요.

❶ 구콰 / 국화

❷ 맏형 / 마텽

문장 속 낱말 바르게 쓰기

2 다음 문장의 빈칸에 들어갈 낱말로 알맞은 것에 ○표 하고, 바르게 쓰세요.

❶

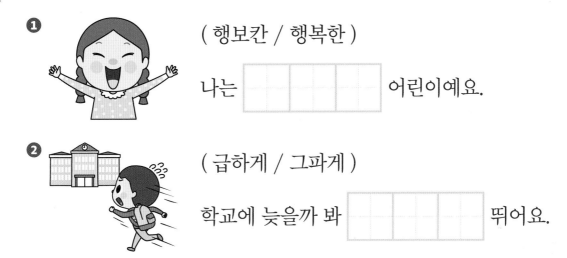

(행보칸 / 행복한)

나는 [ ] 어린이예요.

❷

(급하게 / 그파게)

학교에 늦을까 봐 [ ] 뛰어요.

문장 바르게 쓰기

3 다음 중 바르게 쓴 낱말을 찾아 ○표 하고, 문장을 다시 쓰세요.

❶ 책이 (꼬처 / 꽂혀) 있어요.

❷ 이슬이 (맺혀 / 매처) 있어요.

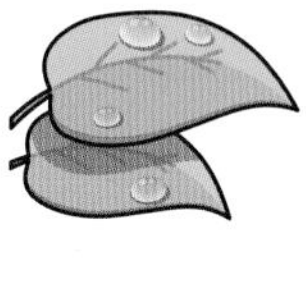

이야기 속 맞춤법 문장 쓰기

어제 꿈에 나는 마법 학교에 **이팍**을 했다. 우리 반 이안이와 서진이도 같이 마법 학교에 들어갔다.

마법 학교에서 빗자루 타는 방법, 동물과 이야기하는 방법을 배웠다. 우리 동네 편의점 아주머니가 마법 학교 선생님이었다. 나는 이안이, 서진이와 함께 빗자루를 타고 학교를 날아다녔다.

그러던 어느 날, 괴물이 **다친** 교문을 부수고 들어왔다. 코뿔소처럼 생긴 초록색 괴물이었다. 내가 괴물에게 **머키려고** 할 때 이안이가 구해 줬다. 이안이가 빗자루로 괴물을 막 때리는 순간,

"시우야, 일어나!"

엄마가 부르는 소리에 잠에서 깼다.

문장 바르게 고쳐 쓰기

4 다음 밑줄 친 부분을 바르게 고쳐 문장을 다시 쓰세요.

❶ 그러던 어느 날, 괴물이 다친 교문을 부수고 들어왔다.

⇨

❷ 내가 괴물에게 머키려고 할 때 이안이가 구해 줬다.

⇨

문장 만들어 쓰기

5 다음 규칙에 맞게 문장을 만들어 쓰세요.

규칙 ① '이팍'을 바르게 고친 말을 넣어서 써요.
② 마법 학교에 다니는 꿈을 꾼 시우에게 하고 싶은 말을 써요.

받아쓰기

듣고 따라 쓰기

정답 및 해설 13쪽

1 낱말 쓰기

1

2

3

4

5

6

2 문장 쓰기

1

2

3

4

5

6

3장

소리와 모양이 다른 말을 써요 (2)

두 낱말이 만나 한 낱말을 이룰 때, 뒷말에 [ㄴ], [ㄹ] 소리가 덧나기도 해요.
또한 두 낱말이 합쳐질 때, 사이시옷이라고 부르는 ㅅ 받침을 쓰기도 해요.
사이시옷 뒤에 오는 말의 첫소리는 된소리로 바뀌어요.
하지만 쓸 때는 원래 글자를 써야 해요.

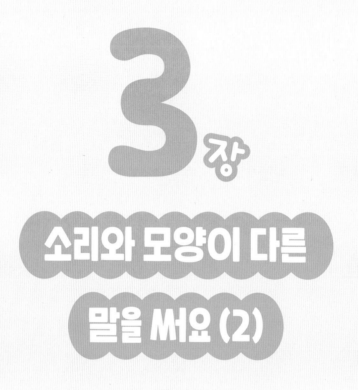

13 두 낱말이 합쳐질 때 [ㄴ] 소리가 덧나는 말

14 두 낱말이 합쳐질 때 [ㄹ] 소리가 덧나는 말

15 사이시옷 뒤에서 [ㄲ, ㄸ]으로 소리 나는 말

16 사이시옷 뒤에서 [ㅃ, ㅆ, ㅉ]으로 소리 나는 말

13 두 낱말이 합쳐질 때 [ㄴ] 소리가 덧나는 말

쏙쏙 맞춤법

	읽을 때	쓸 때
앞말에 ㄹ을 제외한 받침이 있고, 뒷말이 '이, 야, 여, 요, 유'이면	뒷말의 첫소리에 [ㄴ]이 더해져서 소리 나요. 예 [한닙]	원래 글자인 ㅇ을 써요. 예 한입

맞춤법 연습

	이렇게 소리 나요!	따라 쓰세요!
담요	[담뇨]	담 요
두통약	[두통냑]	두 통 약
솜이불	[솜니불]	솜 이 불

낱말 바르게 쓰기

1 다음 중 바르게 쓴 낱말에 ○표 하고, 빈칸에 쓰세요.

❶ 맨입 / 맨닙 *

*아무것도 먹지 않은 입.

❷ 담뇨 / 담요

문장 속 낱말 바르게 쓰기

2 다음 문장의 빈칸에 들어갈 낱말로 알맞은 것에 ○표 하고, 바르게 쓰세요.

❶ 

(논일 / 논닐)

농부가 아침부터 [　　]* 을 해요.

*논에서 농사를 짓는 일.

❷ 

(한녀름 / 한여름)

[　　　] 에는 날씨가 몹시 더워요.

문장 바르게 쓰기

3 다음 중 바르게 쓴 낱말을 찾아 ○표 하고, 문장을 다시 쓰세요.

❶ (시공뉴 / 식용유)를 부어요.

❷ (집안일 / 지반닐)을 도와요.

이야기 속 맞춤법 문장 쓰기

고릴라가 감기에 걸렸어요. **솜니불**을 덮고 끙끙 앓았어요. 고릴라는 숲속 약국에 갔어요. 부엉이 약사에게 머리가 너무 아프다고 말했어요.

"이 **두통냑**을 먹으면 나을 거예요."

부엉이 약사는 약봉지에 약을 수북이 담았어요. 고릴라는 몸집이 커서 약도 많이 먹어야 한다면서요. 고릴라가 스무 알이나 되는 약을 **한닙**에 먹으려고 했어요. 그때 토끼가 뛰어 들어왔어요.

"우리 아기가 열이 펄펄 나요. 머리가 아프다고 울어요."

부엉이 약사는 토끼에게 약이 다 떨어졌다고 말했어요. 울상이 된 토끼에게 고릴라가 자기 약의 반을 내밀었어요. 부엉이 약사는 빙그레 웃으며 아기 토끼는 한 알이면 충분하다고 했어요.

문장 바르게 고쳐 쓰기

4 다음 밑줄 친 부분을 바르게 고쳐 문장을 다시 쓰세요.

❶ 솜니불을 덮고 끙끙 앓았어요.

⇨

❷ 이 두통냑을 먹으면 나을 거예요.

⇨

문장 만들어 쓰기

5 다음 규칙에 맞게 문장을 만들어 쓰세요.

규칙 ① '한닙'을 바르게 고친 말을 넣어서 써요.
② 고릴라에게 하고 싶은 말을 써요.

받아쓰기

듣고 따라 쓰기

정답 및 해설 14쪽

1 낱말 쓰기

1

2

3

4

5

6

2 문장 쓰기

1

2

3

4

5

6

14 두 낱말이 합쳐질 때 [ㄹ] 소리가 덧나는 말

쏙쏙 맞춤법

	읽을 때	쓸 때
앞말에 ㄹ 받침이 있고, 뒷말이 '이, 야, 여, 요, 유'이면	뒷말의 첫소리에 [ㄹ]이 더해져서 소리 나요. 예 [서울력]	원래 글자인 ㅇ을 써요. 예 서울역

맞춤법 연습

	이렇게 소리 나요!	따라 쓰세요!
별일	[별릴]	별 일
물약	[물략]	물 약
휘발유	[휘발류]	휘 발 유

정답 및 해설 15쪽

낱말 바르게 쓰기

1 다음 그림을 보고, 잘못 쓴 낱말을 찾아 바르게 고쳐 쓰세요.

알략

물엿

낱말 바르게 쓰기

2 다음 문장의 빈칸에 들어갈 알맞은 낱말을 보기에서 찾아 쓰세요.

보기	휘발류	휘발유	전철역	전철력

❶ 자동차에 ☐☐☐를 넣어요.

❷ ☐☐☐에서 친구를 기다려요.

문장 바르게 쓰기

3 다음 중 바르게 쓴 낱말을 찾아 ○표 하고, 문장을 다시 쓰세요.

❶ (솔이끼 / 솔리끼)가 피었어요.

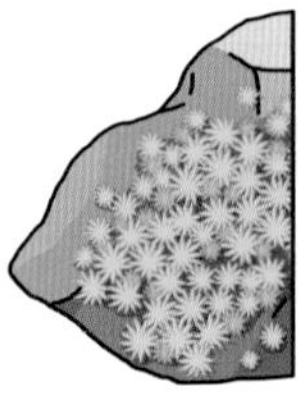

❷ (서울력 / 서울역)에 도착했어요.

이야기 속 맞춤법 문장 쓰기

나그네가 빠른 걸음으로 여우 고개를 넘어가고 있었어요.

'오늘 밤에 **별릴** 없겠지?'

걸을 때마다 서걱서걱 **풀립** 스치는 소리가 들렸어요. 저 앞에 집 한 채가 보였어요. 나그네가 대문을 두드리자 여인이 나왔어요.

"여기서 하룻밤 쉬어 가십시오."

여인은 나그네를 방으로 안내하고 집 안으로 들어갔어요. 그런데 옆방에서 무슨 소리가 들렸어요. 나그네가 문을 열어 보니 한 사내가 손발이 묶여 있었어요.

"나는 의원인데 사람으로 둔갑한* 저 여우에게 잡혔소. 내게 여우를 잠들게 할 **물약**이 있소. 여우에게 먹이고 도망갑시다."

사내의 이야기를 들은 나그네는 깜짝 놀랐어요.

*둔갑한: 요술로 자기 몸을 감추거나 다른 것으로 바꾼.

문장 바르게 고쳐 쓰기

4 다음 밑줄 친 부분을 바르게 고쳐 문장을 다시 쓰세요.

❶ 오늘 밤에 별릴 없겠지?

⇨

❷ 걸을 때마다 서걱서걱 풀립 스치는 소리가 들렸어요.

⇨

문장 만들어 쓰기

5 다음 규칙에 맞게 문장을 만들어 쓰세요.

규칙 ① '물약'이라는 말을 넣어서 써요.
② 사내의 말을 들은 나그네가 어떻게 행동했을지 써요.

받아쓰기

듣고 따라 쓰기

정답 및 해설 15쪽

1 낱말 쓰기

1

2

3

4

5

6

2 문장 쓰기

1

2

3

4

5

6

15 사이시옷* 뒤에서 [ㄲ, ㄸ]으로 소리 나는 말

*두 낱말이 합쳐져 한 낱말이 될 때, 새로운 소리가 더해진 것을 알려주기 위해 낱말 사이에 쓰는 ㅅ 받침의 이름.

나무까지 살펴봐!
- 슬아가
나뭇가지에 예쁜 새집이 달려 있었는데 못 봤구나.
'나무까지'가 아니라 '나뭇가지'라고 썼으면 봤을 거야.

쏙쏙 맞춤법

	읽을 때	쓸 때
사이시옷 뒤에 오는 글자의 첫소리 ㄱ, ㄷ은	된소리인 [ㄲ, ㄸ]으로 소리 나요. 또한 사이시옷은 [ㄷ]으로도 소리 나요. 예 [나무까지] [나묻까지]	사이시옷을 살리고, 원래 글자인 ㄱ, ㄷ을 써요. 예 나뭇가지

맞춤법 연습

	이렇게 소리 나요!	따라 쓰세요!		
등굣길	[등교낄] [등굗낄]	등	굣	길
콧구멍	[코꾸멍] [콛꾸멍]	콧	구	멍
바윗돌	[바위똘] [바윋똘]	바	윗	돌

정답 및 해설 16쪽

낱말 바르게 쓰기

1 다음 그림을 보고, 빈칸에 알맞은 받침을 쓰세요.

❶  차 길

❷  코 등

❸  바 위 돌

❹  김 치 독

문장 속 낱말 바르게 쓰기

2 다음 중 문장의 빈칸에 들어갈 알맞은 낱말을 찾아 쓰세요.

❶ 바닫까 / 바닷가

☐☐☐에서 수영을 했어요.

❷ 뒤따리 / 뒷다리

강아지가 ☐☐☐를 다쳤어요.

문장 바르게 쓰기

3 다음 밑줄 친 낱말을 바르게 고쳐 문장을 다시 쓰세요.

❶ <u>고긷꾹</u>을 먹어요.

❷ <u>나무까지</u>를 꺾어요.

이야기 속 맞춤법 문장 쓰기

찬이는 코를 파는 버릇이 있어요. 만화책을 볼 때도, 숙제를 할 때도 찬이의 손가락은 **코꾸멍**에 들어가 있어요. 할머니가 혀를 끌끌 차며 말씀하셨어요.

"그러다가 돼지코가 된다."

어느 날, **등교낄**에 찬이는 코가 간질간질했어요. 두리번거리다 아이들이 없는 **샌낄**로 갔어요. 찬이는 콧속에 손가락을 넣어 시원하게 코를 쑤셨어요.

그때 찬이가 좋아하는 아름이가 걸어왔어요. 찬이는 코를 파던 손가락으로 잽싸게 코끝을 밀어 돼지코를 만들었어요. 장난을 치고 있었던 것처럼 돼지 흉내를 냈어요. "꿀꿀, 꿀꿀. 아름아, 안녕?"이라고 하면서요.

아름이는 웃지 않았어요. 찬이를 보고 걱정스럽게 말했어요.

"찬아, 괜찮니? 너 코피 나."

문장 바르게 고쳐 쓰기

4 다음 밑줄 친 부분을 바르게 고쳐 문장을 다시 쓰세요.

❶ 어느 날, 등교낄에 찬이는 코가 간질간질했어요.

⇨

❷ 두리번거리다 아이들이 없는 샌낄로 갔어요.

⇨

문장 만들어 쓰기

5 다음 규칙 에 맞게 문장을 만들어 쓰세요.

규칙 ① '코꾸멍'을 바르게 고친 말을 넣어서 써요.
② 찬이가 코 파는 버릇을 고치려면 어떻게 하면 좋을지 써요.

받아쓰기

듣고 따라 쓰기

정답 및 해설 16쪽

1 낱말 쓰기

1

2

3

4

5

6

2 문장 쓰기

1

2

3

4

5

6

16 사이시옷 뒤에서 [ㅃ, ㅆ, ㅉ]으로 소리 나는 말

쏙쏙 맞춤법

	읽을 때	쓸 때
사이시옷 뒤에 오는 글자의 첫소리 ㅂ, ㅅ, ㅈ은	된소리인 [ㅃ, ㅆ, ㅉ]으로 소리 나요. 또한 사이시옷은 [ㄷ]으로도 소리 나요. 예 [초뿔] [촏뿔]	사이시옷을 살리고, 원래 글자인 ㅂ, ㅅ, ㅈ을 써요. 예 촛불

맞춤법 연습

	이렇게 소리 나요!	따라 쓰세요!		
빗방울	[비빵울] [빋빵울]	빗	방	울
콧수염	[코쑤염] [콛쑤염]	콧	수	염
아랫집	[아래찝] [아랟찝]	아	랫	집

정답 및 해설 17쪽

낱말 바르게 쓰기

1 다음 중 바르게 쓴 낱말에 ○표 하고, 빈칸에 쓰세요.

❶ 초뿔 / 촛불

❷ 깃발 / 기빨

문장 속 낱말 바르게 쓰기

2 다음 문장의 빈칸에 들어갈 낱말로 알맞은 것에 ○표 하고, 바르게 쓰세요.

❶ 

(빋짜루 / 빗자루)

마당을 ☐☐☐ 로 쓸어요.

❷ 

(콧수염 / 코쑤염)

삼촌은 ☐☐☐ 이 잘 어울려요.

문장 바르게 쓰기

3 다음 중 바르게 쓴 낱말을 찾아 ○표 하고, 문장을 다시 쓰세요.

❶ (비빵울 / 빗방울)이 떨어져요.

❷ 새가 (날갯짓 / 날개찓)을 해요.

이야기 속 맞춤법 문장 쓰기

이른 아침부터 **이산찜**을 실으러 트럭이 왔어요. 오늘은 솔이네가 이사 가는 날이거든요. 솔이와 민재는 한집의 1층과 2층에 살았어요. 민재가 엄마에게 물었어요.

"솔이네 이사 가면 **아래찝**엔 누가 살아?"

"할아버지, 할머니 두 분이 이사 오신대."

엄마의 말씀을 듣고, 민재는 마당으로 나갔어요. 그네를 타고 있던 솔이가 민재를 보더니 발딱 일어났어요. 솔이가 민재에게 소곤소곤 **귓속말**을 했어요.

"앵두나무 밑에 우리가 모은 보물 묻어 놨어. 네가 잘 지켜야 돼."

솔이네가 탄 차가 떠났어요. 민재는 차가 보이지 않게 된 뒤에도 **햇볕** 아래에 가만히 서 있었어요. 민재의 눈에 눈물이 그렁그렁 맺혔어요.

문장 바르게 고쳐 쓰기

4 다음 밑줄 친 부분을 바르게 고쳐 문장을 다시 쓰세요.

❶ 이른 아침부터 이산찜을 실으러 트럭이 왔어요.

⇨

❷ 솔이네 이사 가면 아래찝엔 누가 살아?

⇨

문장 만들어 쓰기

5 다음 중 한 가지를 넣어, 솔이네가 이사 간 날 민재가 일기에 어떤 내용을 썼을지 문장으로 쓰세요.

귓속말	햇볕

받아쓰기

듣고 따라 쓰기

정답 및 해설 17쪽

1 낱말 쓰기

1
2
3
4
5
6

2 문장 쓰기

1
2
3
4
5
6

4장

받침이 두 개인 말을 써요

서로 다른 두 개의 자음으로 이루어진 받침을 겹받침이라고 해요.
겹받침이 쓰인 낱말은 받침의 두 자음 중 하나로만 소리 나요.
하지만 쓸 때는 원래대로 두 자음자를 모두 살려서 써야 해요.

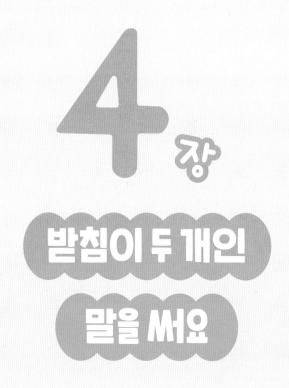

17 겹받침 ㄳ, ㄵ, ㅄ이 쓰인 말

18 겹받침 ㄼ, ㄾ이 쓰인 말

19 겹받침 ㄺ, ㄻ, ㄿ이 쓰인 말

20 겹받침 ㄶ, ㅀ이 쓰인 말

17 겹받침 ㄳ, ㄵ, ㅄ이 쓰인 말

쏙쏙 맞춤법

	읽을 때	쓸 때
겹받침 ㄳ, ㄵ, ㅄ은	두 자음 중에 주로 앞 자음으로 소리 나요.	ㄳ, ㄵ, ㅄ 받침을 그대로 살려서 써요.

맞춤법 연습

	이렇게 소리 나요!	따라 쓰세요!
몫	[목]	몫
값	[갑]	값
얹고	[언꼬]	얹고

낱말 바르게 쓰기

1 다음 그림을 보고, 잘못 쓴 낱말을 찾아 바르게 고쳐 쓰세요.

넋 갑

문장 속 낱말 바르게 쓰기

2 다음 중 문장의 빈칸에 들어갈 알맞은 낱말을 찾아 쓰세요.

❶ 갑찐 / 값진

미술관에 ☐☐ 작품이 많아요.

❷ 없고 / 업꼬

밥상에 반찬은 ☐☐ 밥만 있어요.

문장 바르게 쓰기

3 다음 중 바르게 쓴 낱말을 찾아 ○표 하고, 문장을 다시 쓰세요.

❶ 짐을 (얹고 / 언꼬) 있어요.

❷ 의자에 (안꼬 / 앉고) 싶어요.

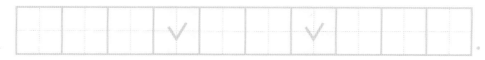

이야기 속 맞춤법 문장 쓰기

먼 옛날, 드넓은 땅에 인디언 마을이 있었어요. 어느 날 인디언 마을이 들썩였어요.

"사냥 나갔던 어른들이 돌아와요!"

호타가 마을 입구에서 뿔피리*를 불며 외쳤어요. 마을의 남자 어른들이 커다란 들소를 잡아 왔어요.

마을 사람들이 한자리에 모여 **가엾은** 들소를 위해 기도했어요.

'우리에게 고기를 주어서 고마워. 바람을 따라 부디 좋은 곳으로 가렴.'

사냥한 동물의 고기는 똑같이 나누었어요. 호타도 자기 **목**을 받았어요. 어른과 아이가 **둘러안자** 고기를 먹었어요. 호타는 사냥에 앞장선 아버지처럼 용맹한 어른이 되겠다고 다짐했어요.

*뿔피리: 뿔로 만든 피리.

문장 바르게 고쳐 쓰기

4 다음 밑줄 친 부분을 바르게 고쳐 문장을 다시 쓰세요.

❶ 호타도 자기 목을 받았어요.

⇨

❷ 어른과 아이가 둘러안자 고기를 먹었어요.

⇨

문장 만들어 쓰기

5 다음 중 한 가지를 넣어, 이 글을 읽고 떠오른 생각이나 느낌을 문장으로 쓰세요.

가엾은	둘러앉아

받아쓰기

듣고 따라 쓰기

정답 및 해설 18쪽

1 낱말 쓰기

1

2

3

2 문장 쓰기

1

2

3

4

5

6

18 겹받침 ㄼ, ㄾ이 쓰인 말

쏙쏙 맞춤법

	읽을 때	쓸 때
겹받침 ㄼ, ㄾ은	두 자음 중에 주로 앞 자음인 [ㄹ]로 소리 나요.	ㄼ, ㄾ 받침을 그대로 살려서 써요.

맞춤법 연습

	이렇게 소리 나요!	따라 쓰세요!
여덟	[여덜]	여 덟
넓게	[널께]	넓 게
핥다	[할따]	핥 다

정답 및 해설 19쪽

낱말 바르게 쓰기

1 다음 그림을 보고, 잘못 쓴 낱말을 찾아 바르게 고쳐 쓰세요.

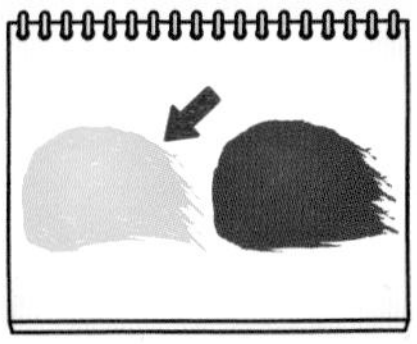

할따

엷다

문장 속 낱말 바르게 쓰기

2 다음 문장의 빈칸에 들어갈 알맞은 낱말을 보기에서 찾아 쓰세요.

보기	떨븐	떫은	밟아	발바

❶ 감이 덜 익어 ☐☐* 맛이 나요.

*쓰고 텁텁한.

❷ 빈 깡통을 발로 ☐☐ 납작하게 만들었어요.

문장 바르게 쓰기

3 다음 중 바르게 쓴 낱말을 찾아 ○표 하고, 문장을 다시 쓰세요.

❶ 머리를 (짧게 / 짤께) 잘라요.

❷ 모양이 (얄꼬 / 얇고) 길어요.

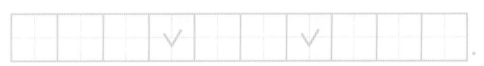

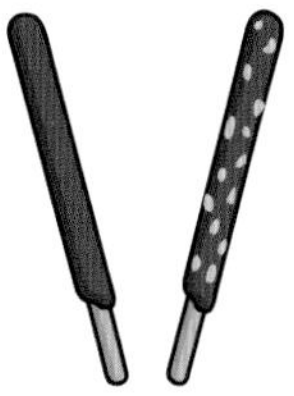

이야기 속 맞춤법 문장 쓰기

나무 위에서 매미와 파리가 놀고 있었어요. 매미는 매암매암 노래하고 파리는 다리를 싹싹 비비며 춤을 췄어요.

"우리 같이 놀자. 혼자 있으니 심심해."

거미가 다가와 말했어요. 파리가 거미를 위아래로 **훌터보았어요**. 거미는 자기와 달리 다리가 **여덜** 개고 날개도 없었어요.

"넌 누구니? 이상하게 생겼구나."

거미는 꽁무니에서 가는 실을 쭉쭉 뽑았어요. 그 실로 거미줄을 촘촘히 만들었어요. 거미줄이 **넓게** 쳐지자 거미는 그 위에서 방방 뛰었어요.

"얘들아, 올라와! 끈적이지 않는 실로 만들어서 괜찮아."

매미와 파리가 거미줄에 올랐어요. 셋은 방방 뛰어오르며 신나게 놀았어요.

문장 바르게 고쳐 쓰기

4 **다음 밑줄 친 부분을 바르게 고쳐 문장을 다시 쓰세요.**

❶ 파리가 거미를 위아래로 훌터보았어요.

❷ 거미는 자기와 달리 다리가 여덜 개고 날개도 없었어요.

문장 만들어 쓰기

5 **다음 중 한 가지를 넣어, 거미줄 위에서 즐겁게 놀고 난 뒤 파리가 거미에게 무슨 말을 했을지 문장으로 쓰세요.**

여덟 넓게

받아쓰기

듣고 따라 쓰기

정답 및 해설 19쪽

1 낱말 쓰기

1

2

3

4

5

6

2 문장 쓰기

1

2

3

4

5

6

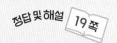

19 겹받침 ㄺ, ㄻ, ㄿ이 쓰인 말

쏙쏙 맞춤법

	읽을 때	쓸 때
겹받침 ㄺ, ㄻ, ㄿ은	ㄺ, ㄻ은 두 자음 중에 하나로 소리 나고, ㄿ은 [ㅂ]으로 소리 나요.	ㄺ, ㄻ, ㄿ 받침을 그대로 살려서 써요.

맞춤법 연습

	이렇게 소리 나요!	따라 쓰세요!
흙	[흑]	흙
굶고	[굼꼬]	굶 고
읊다	[읍따]	읊 다

정답 및 해설 20쪽

낱말 바르게 쓰기

1 다음 중 바르게 쓴 낱말에 ○표 하고, 빈칸에 쓰세요.

❶ 닥 / 닭

❷ 읊다 / 읍따

문장 속 낱말 바르게 쓰기

2 다음 문장의 빈칸에 들어갈 낱말로 알맞은 것에 ○표 하고, 바르게 쓰세요.

❶

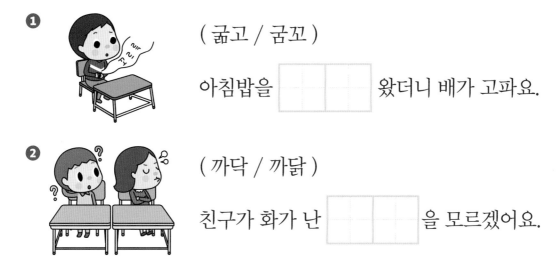

(굶고 / 굼꼬)

아침밥을 [ ] 왔더니 배가 고파요.

❷

(까닥 / 까닭)

친구가 화가 난 [ ] 을 모르겠어요.

문장 바르게 쓰기

3 다음 중 바르게 쓴 낱말을 찾아 ○표 하고, 문장을 다시 쓰세요.

❶ 달이 (발께 / 밝게) 빛나요.

❷ 국수를 (삶고 / 삼꼬) 있어요.

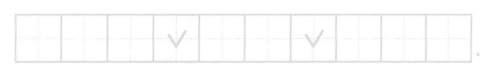

이야기 속 맞춤법 문장 쓰기

갑자기 빗방울이 후드득 떨어졌어요. 땅의 **흙**이 촉촉이 젖었지요. 무지개 마을의 강이, 산이, 누리는 우비를 입고 장화를 신었어요.

"우비 소년단 출동!"

강이가 옥상에 빨래를 그대로 널어놓은 집을 보았어요. 목소리가 큰 강이는 집 앞에서 "빨래 걷으세요!" 하고 쩌렁쩌렁 외쳤어요.

걸음이 빠른 산이는 길을 걷는 꼬마의 앞을 막아섰어요. 덕분에 꼬마는 차가 튀기는 **흑탕물**을 맞지 않았지요.

눈이 좋은 막내 누리는 물웅덩이에서 허우적대는 개미를 발견했어요. 누리는 개미를 건져 풀잎 아래로 **옴겨** 주었어요.

소나기가 그치고 하늘이 **맑게** 갰어요. 우비 소년단은 오늘도 임무* 완료!

* **임무**: 맡은 일. 또는 맡겨진 일.

문장 바르게 고쳐 쓰기

4 다음 밑줄 친 부분을 바르게 고쳐 문장을 다시 쓰세요.

❶ 꼬마는 차가 튀기는 흑탕물을 맞지 않았지요.

⇨

❷ 누리는 개미를 건져 풀잎 아래로 옴겨 주었어요.

⇨

문장 만들어 쓰기

5 다음 중 한 가지를 넣어, 우비 소년단에게 하고 싶은 말을 문장으로 쓰세요.

흙	흙탕물	맑게

받아쓰기

듣고 따라 쓰기

정답 및 해설 20쪽

1 낱말 쓰기

1

2

3

4

5

6

2 문장 쓰기

1

2

3

4

5

6

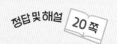

20 겹받침 ㄶ, ㅀ이 쓰인 말

바울아, 어제 놀이터에
못 가서 미안해.
아라서 몸이 아팠어.
- 다온이가
엄마, 아라서
몸이 아팠다는 게
무슨 뜻이에요?
다온이가 '앓아서' 몸이
아팠다는 말인 것 같아.

쏙쏙 맞춤법

	읽을 때	쓸 때
겹받침 ㄶ, ㅀ은	두 자음 중에 주로 앞 자음으로 소리 나요. ㅎ은 뒤 글자와 합해지거나 사라져요.	ㄶ, ㅀ 받침을 그대로 살려서 써요.

맞춤법 연습

	이렇게 소리 나요!	따라 쓰세요!
끊다	[끈타]	끊 다
뚫다	[뚤타]	뚫 다
괜찮아	[괜차나]	괜 찮 아

정답 및 해설 21쪽

낱말 바르게 쓰기

1 다음 그림을 보고, 잘못 쓴 낱말을 찾아 바르게 고쳐 쓰세요.

뚫다

끈타

문장 속 낱말 바르게 쓰기

2 다음 문장의 빈칸에 들어갈 알맞은 낱말을 보기에서 찾아 쓰세요.

보기	안는	않는	아라서	앓아서

❶ 입지 ☐☐ 옷을 동생에게 주었어요.

❷ 감기를 ☐☐☐ 입맛이 사라졌어요.

문장 바르게 쓰기

3 다음 중 바르게 쓴 낱말을 찾아 ○표 하고, 문장을 다시 쓰세요.

❶ 물이 (끌코 / 끓고) 있어요.

❷ 꽃집에 꽃이 (많아요 / 마나요).

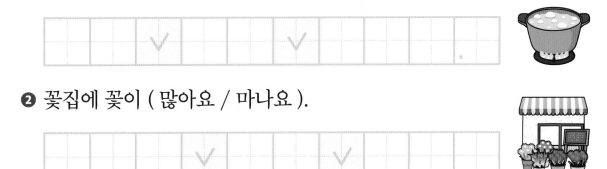

이야기 속 맞춤법 문장 쓰기

하준이가 그림을 그리다가 짝꿍의 그림을 보았어요. 자기보다 더 잘 그린 것 같았어요. 하준이는 속으로 중얼거렸어요.

'미술 시간이 너무 **실코** 지겨워.'

점심시간에는 친구들과 축구를 했어요. 선우가 슛을 날렸어요. 하준이는 선우처럼 골을 넣지 못할 것 같았어요. 갑자기 축구하기가 **귀차나써요**.

교실로 돌아온 하준이는 기분이 좋지 않았어요. 그때 리아가 흥얼거리며 혼자 춤 연습을 하고 있는 모습을 보았어요. 하준이가 퉁명스레 말했어요.

"리아야, 그만해. 너무 못 추잖아."

"못 추면 어때? 하고 싶으면 하는 거지. 잘 못해도 **괜차나**."

수업 시간 종이 쳤어요. 하준이는 리아의 말이 자꾸 떠올랐어요.

문장 바르게 고쳐 쓰기

4 다음 밑줄 친 부분을 바르게 고쳐 문장을 다시 쓰세요.

❶ 미술 시간이 너무 실코 지겨워.

⇨

❷ 갑자기 축구하기가 귀차나써요.

⇨

문장 만들어 쓰기

5 다음 규칙에 맞게 문장을 만들어 쓰세요.

규칙 ① '괜차나'를 바르게 고친 말을 넣어서 써요.
② 하준이에게 해 주고 싶은 말을 써요.

받아쓰기

듣고 따라 쓰기

정답 및 해설 21쪽

1 낱말 쓰기

1

2

3

4

5

2 문장 쓰기

1

2

3

4

5

6

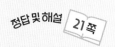

글 따라 쓰기

이 책에서 읽은 글의 일부분을
따라 쓰며, 배운 맞춤법을
다시 한번 확인해 보세요.

01 뒤 글자의 ㄹ이 [ㄴ]으로 소리 나는 말

- 다음 글을 '뒤 글자의 ㄹ이 [ㄴ]으로 소리 나는 말'에 유의하며 읽고 따라 쓰세요.

14쪽

쓰레기를 치우고 주변을 **정리**하던 아람이가 작게 소리를 질렀어요. 풀숲 사이에 놓인 커다란 알을 발견한 거예요.

"**공룡**의 알인가 봐."

정답 및 해설 23쪽

02 받침이 [ㄴ]으로 소리 나는 말

• 다음 글을 '받침이 [ㄴ]으로 소리 나는 말'에 유의하며 읽고 따라 쓰세요.

18쪽

"여기는 미래가 아닌 것 같아. 어디로 온 거야?"

동우가 **묻는** 말에 젤라뭉이 대답했어요.

"왜 **옛날**로 왔지? 시간 여행 단추가 고장 났나 봐."

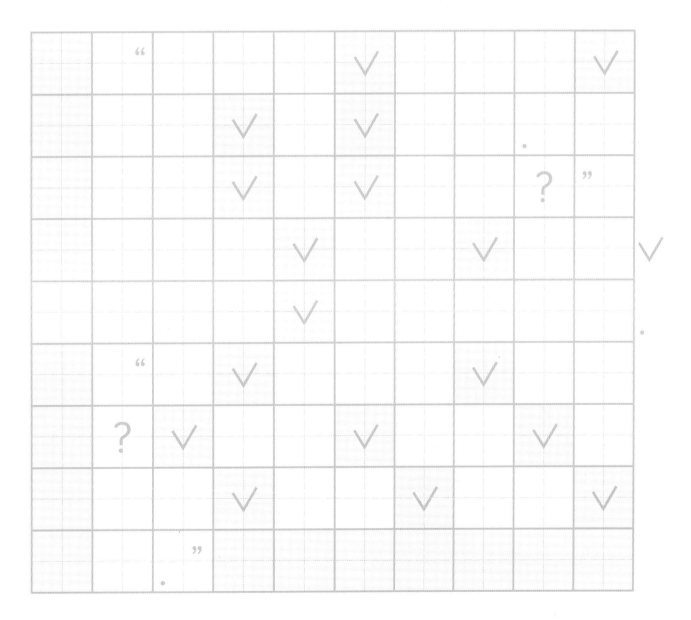

03 뒤 글자의 ㄴ이 [ㄹ]로 소리 나는 말

• 다음 글을 '뒤 글자의 ㄴ이 [ㄹ]로 소리 나는 말'에 유의하며 읽고 따라 쓰세요.

22쪽

설날 연휴에 주원이네 가족은 물놀이 공원에 갔어요. 주원이는 파도가 치는 **실내** 수영장에서 놀았어요. 출렁거리는 파도를 타는 것이 재미있었지요.

정답 및 해설 23쪽

04 ㄴ 받침이 [ㄹ]로 소리 나는 말

● 다음 글을 'ㄴ 받침이 [ㄹ]로 소리 나는 말'에 유의하며 읽고 따라 쓰세요.

26쪽

"**원래** 산길을 잘 아는데 오늘은 토끼를 쫓다가 길을 잃었어요. 그런데 할아버지 집은 어디예요?"

"내 집은 **한라산**이란다."

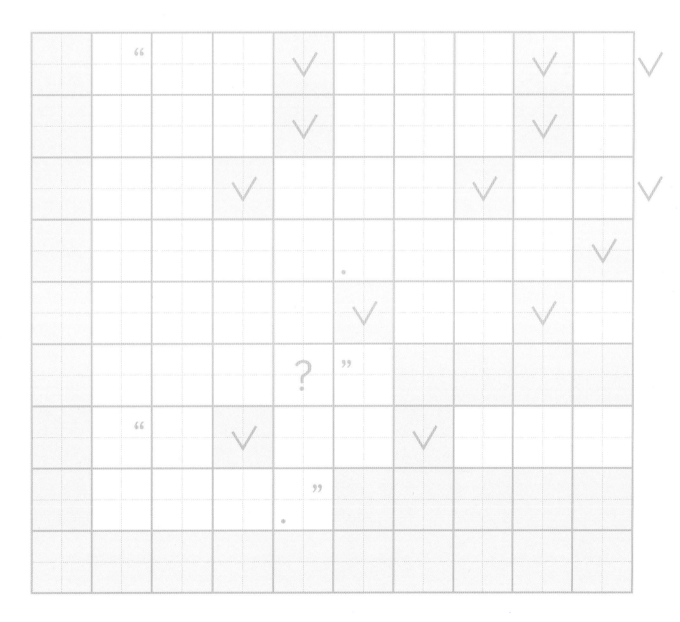

05 ㅂ 받침이 [ㅁ]으로 소리 나는 말

● 다음 글을 'ㅂ 받침이 [ㅁ]으로 소리 나는 말'에 유의하며 읽고 따라 쓰세요.

30쪽

엄마는 내가 안 **입는** 옷을 펼쳐 놓고 사진을 찍으셨어요. 그리고 사용하던 물건을 싼값에 사고파는 온라인 장터에 글과 사진을 올리셨어요.

어린이 옷 **팝니다**.

정답 및 해설 24쪽

06 ㅍ 받침이 [ㅁ]으로 소리 나는 말

- 다음 글을 'ㅍ 받침이 [ㅁ]으로 소리 나는 말'에 유의하며 읽고 따라 쓰세요.

34쪽

늦잠을 잔 오소리는 꼴찌로 도착했어요. **앞마당**에 동물들이 길게 줄을 서 있었지요. 줄의 맨 끝에 서자 다른 동물들의 **앞모습**은 보이지 않고 뒷모습만 보였어요.

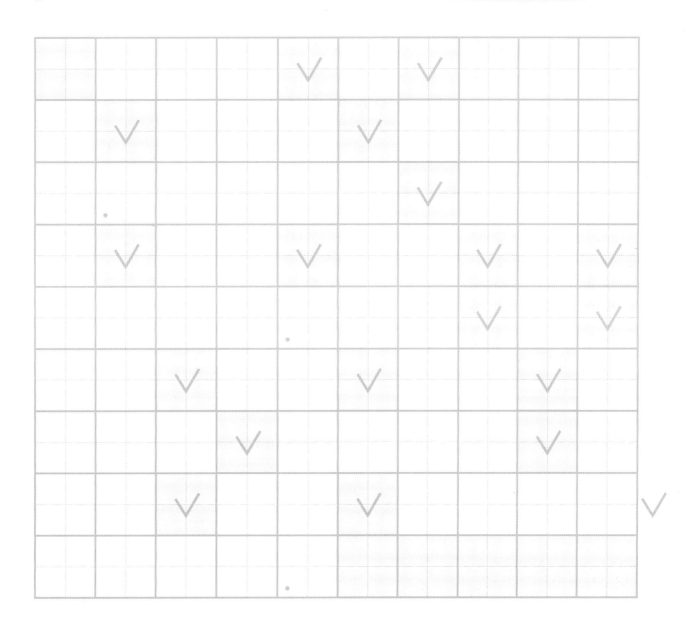

07 ㄴ 앞에서 받침이 [ㅇ]으로 소리 나는 말

● 다음 글을 'ㄴ 앞에서 받침이 [ㅇ]으로 소리 나는 말'에 유의하며 읽고 따라 쓰세요.

38쪽

올겨울은 **작년** 겨울보다 눈이 많이 내렸어요. 눈이 내린 날이면 은호는 공원으로 달려갔어요. 휴대 전화 카메라로 사진 **찍는** 것을 좋아하거든요.

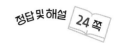

정답 및 해설 24쪽

08 ㅁ 앞에서 받침이 [ㅇ]으로 소리 나는 말

- 다음 글을 'ㅁ 앞에서 받침이 [ㅇ]으로 소리 나는 말'에 유의하며 읽고 따라 쓰세요.

42쪽

나는 놀이공원에 있는 **회전목마**예요. 신나는 음악이 나오면 사람들을 태우고 빙빙 돌아요.

나는 나를 탄 사람의 **속마음**을 알 수 있어요.

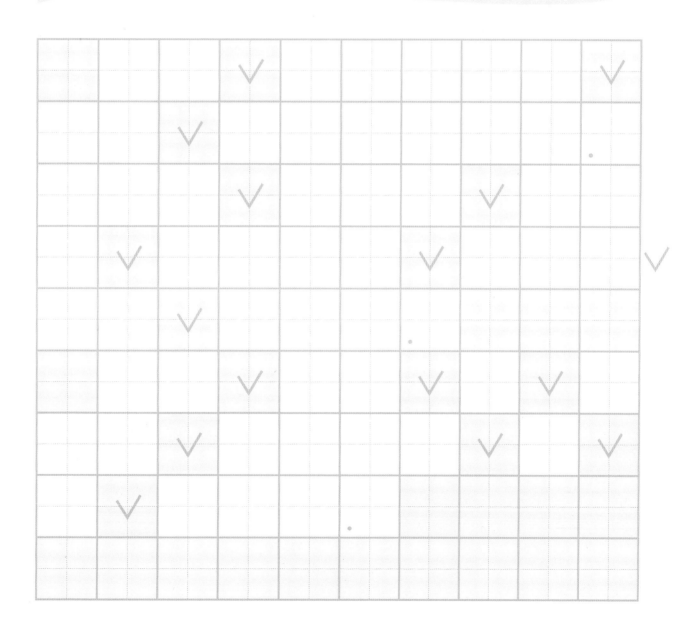

09 받침 ㄷ이 [ㅈ]으로 소리 나는 말

• 다음 글을 '받침 ㄷ이 [ㅈ]으로 소리 나는 말'에 유의하며 읽고 따라 쓰세요.

48쪽

가을이 왔어요. 마을 사람들은 **가을걷이**로 바빴어요. 게으름뱅이는 일하러 가기가 귀찮았어요. **여닫이창**을 열어 놓고 집에만 있었어요.

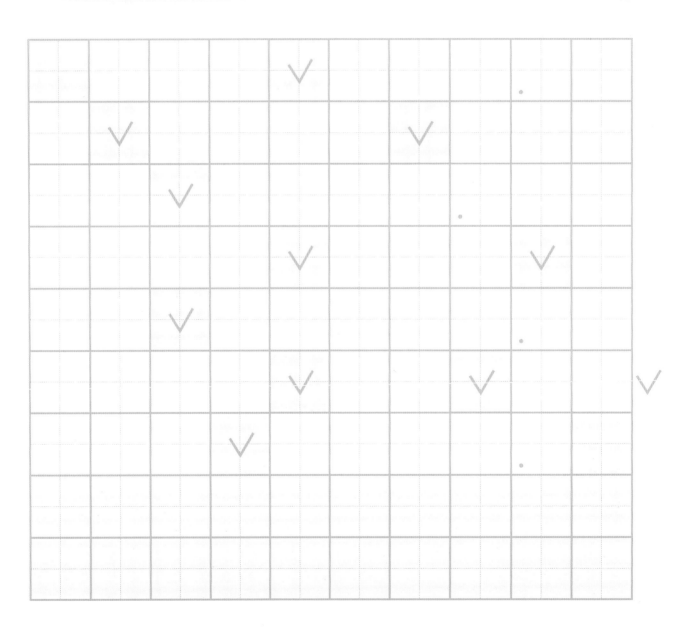

정답 및 해설 25쪽

10 받침 ㅌ이 [ㅊ]으로 소리 나는 말

• 다음 글을 '받침 ㅌ이 [ㅊ]으로 소리 나는 말'에 유의하며 읽고 따라 쓰세요.

52쪽

"탐정님, **가마솥이** 없어졌어요. 범인을 잡아 주세요."

탐정은 해가 져서 **바깥이** 어두워질 때까지 할머니 집 마당을 조사했어요.

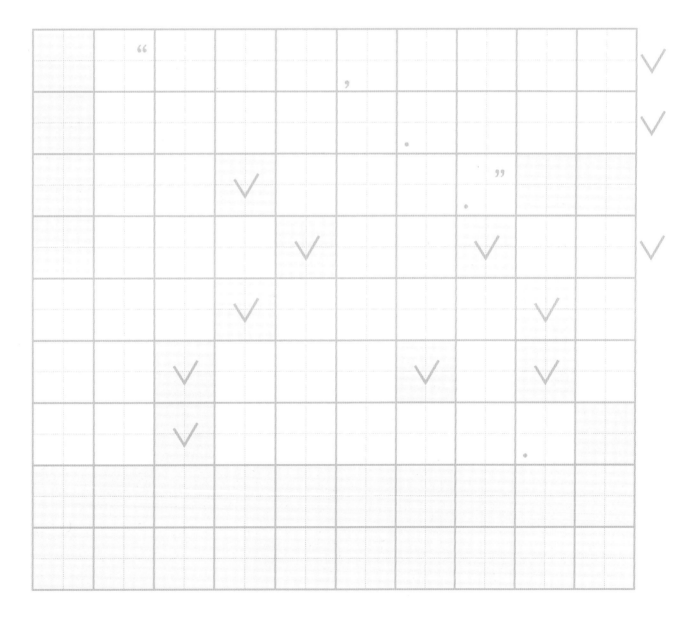

11 받침 ㅎ을 만나 거센소리로 나는 말

● 다음 글을 '받침 ㅎ을 만나 거센소리로 나는 말'에 유의하며 읽고 따라 쓰세요.

56쪽

학교 앞에 솜사탕 가게가 생겼어요. 주인 아저씨는 통 안에 설탕을 **넣고** 막대기를 빙빙 돌렸어요. 하얀 실 같은 것이 칭칭 감겨 **둥그렇게** 솜사탕이 만들어졌어요.

정답 및 해설 25쪽

12 뒤 글자의 ㅎ을 만나 거센소리로 나는 말

● 다음 글을 '뒤 글자의 ㅎ을 만나 거센소리로 나는 말'에 유의하며 읽고 따라 쓰세요.

60쪽

그러던 어느 날, 괴물이 **닫힌** 교문을 부수고 들어왔다. 코뿔소처럼 생긴 초록색 괴물이었다. 내가 괴물에게 **먹히려고** 할 때 이안이가 구해 줬다.

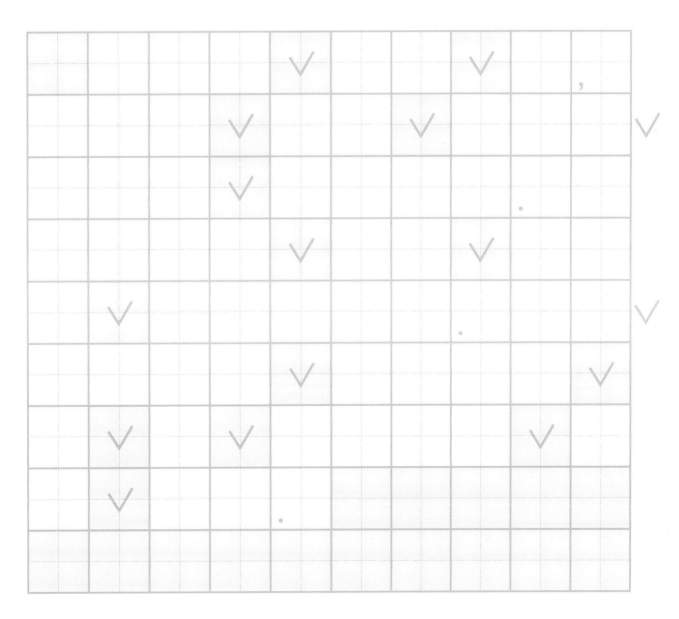

13 두 낱말이 합쳐질 때 [ㄴ] 소리가 덧나는 말

• 다음 글을 '두 낱말이 합쳐질 때 [ㄴ] 소리가 덧나는 말'에 유의하며 읽고 따라 쓰세요.

66쪽

솜이불을 덮고 끙끙 앓았어요. 고릴라는 숲속 약국에 갔어요. 부엉이 약사에게 머리가 너무 아프다고 말했어요.

"이 **두통약**을 먹으면 나을 거예요."

정답 및 해설 26쪽

14 두 낱말이 합쳐질 때 [ㄹ] 소리가 덧나는 말

● 다음 글을 '두 낱말이 합쳐질 때 [ㄹ] 소리가 덧나는 말'에 유의하며 읽고 따라 쓰세요.

70쪽

나그네가 빠른 걸음으로 여우 고개를 넘어가고 있었어요.

'오늘 밤에 **별일** 없겠지?'

걸을 때마다 서걱서걱 **풀잎** 스치는 소리가 들렸어요.

15 사이시옷 뒤에서 [ㄲ, ㄸ]으로 소리 나는 말

● 다음 글을 '사이시옷 뒤에서 [ㄲ]으로 소리 나는 말'에 유의하며 읽고 따라 쓰세요.

74쪽

어느 날, **등굣길**에 찬이는 코가 간질간질했어요. 두리번거리다 아이들이 없는 **샛길**로 갔어요. 찬이는 콧속에 손가락을 넣어 시원하게 코를 쑤셨어요.

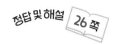

정답 및 해설 26쪽

16 사이시옷 뒤에서 [ㅃ, ㅆ, ㅉ]으로 소리 나는 말

● 다음 글을 '사이시옷 뒤에서 [ㅉ]으로 소리 나는 말'에 유의하며 읽고 따라 쓰세요.

78쪽

이른 아침부터 **이삿짐**을 실으러 트럭이 왔어요. 오늘은 솔이네가 이사 가는 날이거든요. 민재가 엄마에게 물었어요.

"솔이네 이사 가면 **아랫집**엔 누가 살아?"

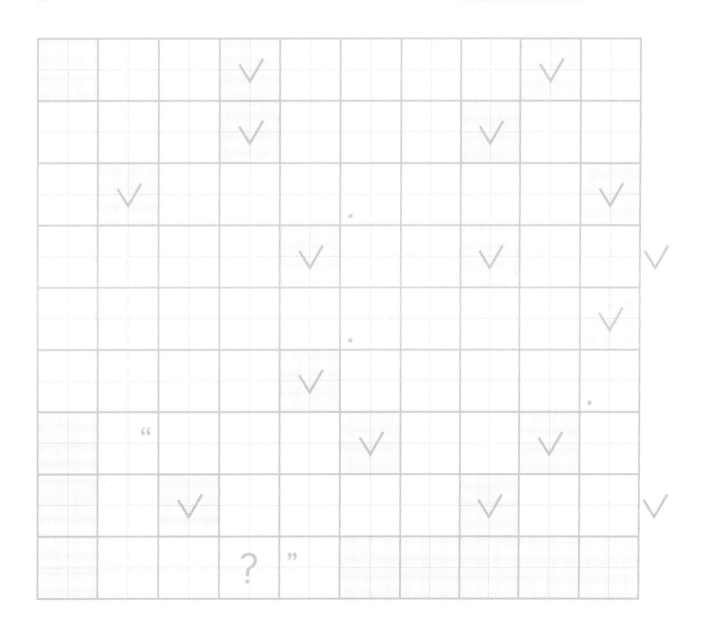

17 겹받침 ㄳ, ㄵ, ㅄ이 쓰인 말

● 다음 글을 '겹받침 ㄳ, ㄵ이 쓰인 말'에 유의하며 읽고 따라 쓰세요.

84 쪽

'바람을 따라 부디 좋은 곳으로 가렴.'

사냥한 동물의 고기는 똑같이 나누었어요. 호타도 자기 **몫**을 받았어요.

어른과 아이가 **둘러앉아** 고기를 먹었어요.

정답 및 해설 27쪽

18 겹받침 ㄼ, ㄾ이 쓰인 말

● 다음 글을 '겹받침 ㄼ, ㄾ이 쓰인 말'에 유의하며 읽고 따라 쓰세요.

88쪽

파리가 거미를 위아래로 **훑어보았어요**. 거미는 자기와 달리 다리가 **여덟** 개고 날개도 없었어요.

"넌 누구니? 이상하게 생겼구나."

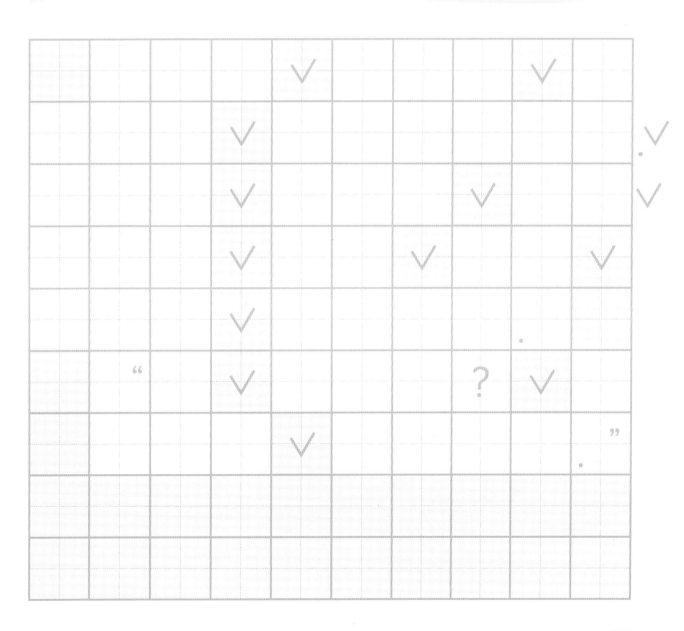

19 겹받침 ㄺ, ㄻ, ㄿ이 쓰인 말

● 다음 글을 '겹받침 ㄺ, ㄻ이 쓰인 말'에 유의하며 읽고 따라 쓰세요.

92쪽

눈이 좋은 막내 누리는 물웅덩이에서 허우적대는 개미를 발견했어요.

누리는 개미를 건져 풀잎 아래로 **옮겨** 주었어요.

소나기가 그치고 하늘이 **맑게** 갰어요.

정답 및 해설 27쪽

20 겹받침 ㄶ, ㅀ이 쓰인 말

• 다음 글을 '겹받침 ㄶ, ㅀ이 쓰인 말'에 유의하며 읽고 따라 쓰세요.

96쪽

'미술 시간이 너무 **싫고** 지겨워.'

점심시간에는 친구들과 축구를 했어요. 선우가 슛을 날렸어요. 하준이는 갑자기 축구하기가 **귀찮았어요**.

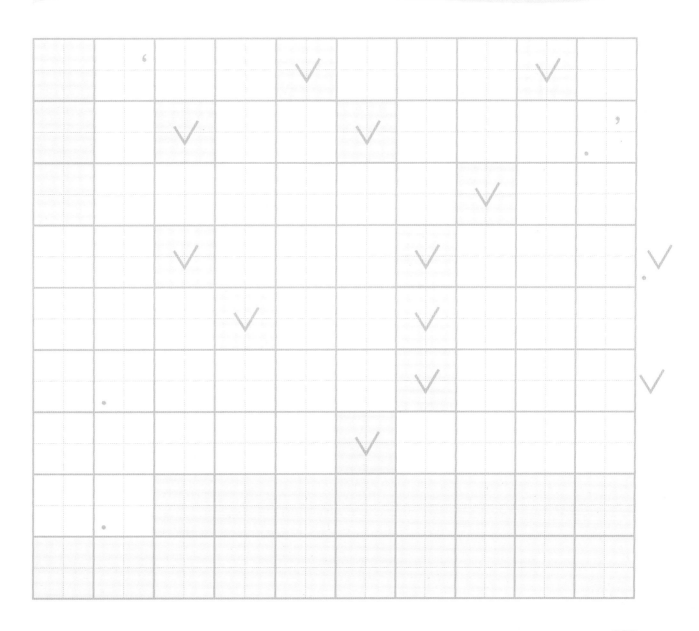

메모

달곰한 문해력

초등 문법

쓰면서 익히는

맞춤법 + 받아쓰기

정답 및 해설

2 단계

달곰한 문해력

초등 문법

쓰면서 익히는

맞춤법+받아쓰기

정답 및 해설 2단계

012-013쪽

01 뒤 글자의 ㄹ이 [ㄴ]으로 소리 나는 말

잠시 후 행사가 시작되니 [장내]에 계신 분들은 자리에 앉아 주세요.
이곳처럼, 사람들이 많이 모인 장소의 안을 '장내'라고 한단다. 말할 때는 '장래'와 '장내'가 똑같이 [장내]로 소리 나지.
'장래'는 '앞으로 다가올 날'이라는 뜻 아닌가요?

쏙쏙 맞춤법

	읽을 때	쓸 때
뒤 글자의 첫소리 ㄹ이 앞 글자의 ㅁ, ㅇ 받침과 만나면	ㅁ, ㅇ 받침을 닮아 [ㄴ]으로 소리 나요. 예 [장내]	원래 글자인 ㄹ을 써요. 예 장래

맞춤법 연습

	이렇게 소리 나요!	따라 쓰세요!
공룡	[공뇽]	공 룡
승리	[승니]	승 리
음료수	[음뇨수]	음 료 수

정답 및 해설 02쪽

낱말 바르게 쓰기

1 다음 그림을 보고, 잘못 쓴 낱말을 찾아 바르게 고쳐 쓰세요.

정류장

대통녕

대 통 령

•······ '령'의 첫소리 ㄹ이 앞 글자의 받침 ㅇ을 만나 [대통녕]으로 소리 나지만, '대통령'이라고 씁니다.

문장 속 낱말 바르게 쓰기

2 다음 문장의 빈칸에 들어갈 알맞은 낱말을 보기에서 찾아 쓰세요.

보기: 음녁 음력 장래 장내

❶ 설날은 [음 력] 1월 1일이에요.

❷ 저의 [장 래] 희망은 선생님이에요.

•······ '음력'은 '달이 지구를 한 바퀴 도는 데 걸리는 시간을 기준으로 하여 날짜를 세는 달력.'을 뜻합니다. [음녁]으로 소리 나지만, '음력'이라고 써야 합니다.

문장 바르게 쓰기

3 다음 밑줄 친 낱말을 바르게 고쳐 문장을 다시 쓰세요.

❶ 우리가 승니했어요.

우 리 가 ∨ 승 리 했 어 요 .

❷ 빵의 종뉴가 많아요.

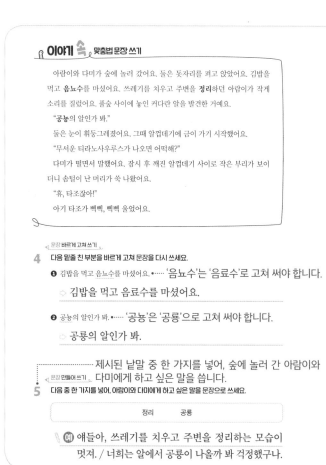

빵 의 ∨ 종 류 가 ∨ 많 아 요 .

014-015쪽

이야기 속 맞춤법 문장 쓰기

아람이와 다미가 숲에 놀러 갔어요. 둘은 돗자리를 펴고 앉았어요. 김밥을 먹고 **음뇨수**를 마셨어요. 쓰레기를 치우고 주변을 **정리**하던 아람이가 작게 소리를 질렀어요. 풀숲 사이에 놓인 커다란 알을 발견한 거예요.

"**공뇽**의 알인가 봐."

둘은 눈이 휘둥그레졌어요. 그때 알껍데기에 금이 가기 시작했어요.

"무서운 티라노사우루스가 나오면 어떡해?"

다미가 떨면서 말했어요. 잠시 후 깨진 알껍데기 사이로 작은 부리가 보이더니 솜털이 난 머리가 쑥 나왔어요.

"휴, 타조잖아!"

아기 타조가 삑삑, 삑삑 울었어요.

문장 바르게 고쳐 쓰기

4 다음 밑줄 친 부분을 바르게 고쳐 문장을 다시 쓰세요.

❶ 김밥을 먹고 음뇨수를 마셨어요. •······ '음뇨수'는 '음료수'로 고쳐 써야 합니다.

⇨ 김밥을 먹고 음료수를 마셨어요.

❷ 공뇽의 알인가 봐. •······ '공뇽'은 '공룡'으로 고쳐 써야 합니다.

⇨ 공룡의 알인가 봐.

문장 만들어 쓰기 ······ 제시된 낱말 중 한 가지를 넣어, 숲에 놀러 간 아람이와 다미에게 하고 싶은 말을 씁니다.

5 다음 중 한 가지를 넣어, 아람이와 다미에게 하고 싶은 말을 문장으로 쓰세요.

정리 공룡

예 얘들아, 쓰레기를 치우고 주변을 정리하는 모습이 멋져. / 너희는 알에서 공룡이 나올까 봐 걱정했구나.

받아쓰기

듣고 따라 쓰기

정답 및 해설 02쪽

1 낱말 쓰기

❶ 종 류 ❷ 음 력 ❸ 공 룡

❹ 음 료 수 ❺ 정 류 장 ❻ 대 통 령

2 문장 쓰기

❶ 우 리 가 ∨ 승 리 했 어 요 .

❷ 빵 의 ∨ 종 류 가 ∨ 많 아 요 .

❸ 공 룡 의 ∨ 알 인 가 ∨ 봐 .

❹ 저 의 ∨ 장 래 ∨ 희 망 은 ∨ 선 생 님 이 에 요 .

❺ 설 날 은 ∨ 음 력 ∨ 1 월 ∨ 1 일 이 에 요 .

❻ 쓰 레 기 를 ∨ 치 우 고 ∨ 주 변 을 ∨ 정 리 했 어 요 .

02 받침이 [ㄴ]으로 소리 나는 말

쏙쏙 맞춤법

	읽을 때	쓸 때
ㄷ, ㅅ, ㅈ, ㅎ 받침이 뒤 글자의 첫소리 ㄴ과 만나면	ㄴ을 닮아 [ㄴ]으로 소리 나요. 예 [만나]	원래 받침을 살려서 써요. 예 맛나

맞춤법 연습

	이렇게 소리 나요!	따라 쓰세요!
닫는	[단는]	닫 는
옛날	[옌날]	옛 날
찾는	[찬는]	찾 는

정답 및 해설 03쪽

낱말 바르게 쓰기

1 다음 그림을 보고, 잘못 쓴 낱말을 찾아 바르게 고쳐 쓰세요.

짓는다 논는다

놓 는 다

'논는다'는 '잡거나 쥐고 있던 물건을 일정한 곳에 둔다.'라는 뜻의 '놓는다'를 소리 나는 대로 쓴 것입니다.

문장 속 낱말 바르게 쓰기

2 다음 중 문장의 빈칸에 들어갈 알맞은 낱말을 찾아 쓰세요.

❶ 넌는 / 넣는

축구는 골대에 공을 넣 는 경기예요.

'넣'의 받침 ㅎ이 [ㄴ]으로 소리 나 [넌는]이라고 읽지만, 쓸 때는 '넣는'이라고 써야 합니다.

❷ 닫는 / 단는

저녁에는 문을 닫 는 가게가 많아요.

'닫'의 받침 ㄷ이 [ㄴ]으로 소리 나 [단는]이라고 읽지만, 쓸 때는 '닫는'이라고 써야 합니다.

문장 바르게 쓰기

3 다음 중 바르게 쓴 낱말을 찾아 ○표 하고, 문장을 다시 쓰세요.

❶ (만난 / (맛난)) 간식을 먹어요.

맛 난 ∨ 간 식 을 ∨ 먹 어 요 .

❷ 책을 ((찾는) / 찬는) 중이에요.

책 을 ∨ 찾 는 ∨ 중 이 에 요 .

이야기 속 맞춤법 문장 쓰기

"소원을 들어준다고? 나는 미래에 가 보고 싶어."

동우가 활짝 **운는** 얼굴로 말했어요.

"나를 꽉 잡아. 시간 여행 시작!"

젤라뭉이 가슴에 있는 시간 여행 단추를 눌렀어요. 그 순간 동우와 젤라뭉의 몸이 붕 떠오르더니 빙글빙글 돌았어요.

동우가 감았던 눈을 떴어요. 눈앞에 기와집과 초가집이 보였어요. 한복을 입고 머리를 길게 땋은 아이들이 뛰어다녔어요.

"젤라뭉, 여기는 미래가 아닌 것 같아. 어디로 온 거야?"

동우가 **문는** 말에 젤라뭉이 대답했어요.

"왜 **옌날**로 왔지? 시간 여행 단추가 고장 났나 봐."

문장 바르게 고쳐 쓰기

4 다음 밑줄 친 부분을 바르게 고쳐 문장을 다시 쓰세요.

❶ 동우가 활짝 운는 얼굴로 말했어요. ····· '운는'은 '웃는'으로 고쳐 써야 합니다.

⇨ 동우가 활짝 웃는 얼굴로 말했어요.

❷ 동우가 문는 말에 젤라뭉이 대답했어요. ····· '문는'은 '묻는'으로 고쳐 써야 합니다.

⇨ 동우가 묻는 말에 젤라뭉이 대답했어요.

문장 만들어 쓰기

5 다음 규칙에 맞게 문장을 만들어 쓰세요.

····· 미래에 가 보고 싶었지만, 옛날로 오게 된 동우의 마음이 어떠할지 상상하여 씁니다. '옌날'은 '옛날'로 고쳐서 씁니다.

규칙 ① '옌날'을 바르게 고친 말을 넣어서 써요.
② 미래에 가 보고 싶었던 동우에게 하고 싶은 말을 써요.

예 동우야, 미래에 가 보고 싶었는데, 옛날로 가서 놀랐겠구나.

받아쓰기

듣고 따라 쓰기

정답 및 해설 03쪽

1 낱말 쓰기

❶ 옛 날 ❷ 닫 는 ❸ 찾 는

❹ 넣 는 ❺ 웃 는 ❻ 놓 는 다

2 문장 쓰기

❶ 공 을 ∨ 넣 는 ∨ 경 기 예 요 .

❷ 책 을 ∨ 찾 는 ∨ 중 이 에 요 .

❸ 맛 난 ∨ 간 식 을 ∨ 먹 어 요 .

❹ 저 녁 에 는 ∨ 문 을 ∨ 닫 는 ∨ 가 게 가 ∨ 많 아 요 .

❺ 동 우 가 ∨ 활 짝 ∨ 웃 는 ∨ 얼 굴 로 ∨ 말 했 어 요 .

❻ 동 우 가 ∨ 묻 는 ∨ 말 에 ∨ 젤 라 뭉 이 ∨ 대 답 했 어 요 .

03 뒤 글자의 ㄴ이 [ㄹ]로 소리 나는 말

쏙쏙 맞춤법

	읽을 때	쓸 때
뒤 글자의 첫소리 ㄴ이 앞 글자의 ㄹ 받침과 만나면	ㄹ 받침을 닮아 [ㄹ]로 소리 나요. 예 [발램새]	원래 글자인 ㄴ을 써요. 예 발냄새

맞춤법 연습

	이렇게 소리 나요!	따라 쓰세요!
실내	[실래]	실 내
설날	[설랄]	설 날
물냉면	[물랭면]	물 냉 면

정답 및 해설 04쪽

낱말 바르게 쓰기

1 다음 중 바르게 쓴 낱말에 ○표 하고, 빈칸에 쓰세요.

❶ 발램새 / (발냄새) — 발 냄 새

❷ (물냉면) / 물랭면 — 물 냉 면

뒤 글자의 첫소리 ㄴ이 앞 글자의 ㄹ 받침과 만나면 [ㄹ]로 소리 납니다. 하지만 쓸 때는 원래대로 ㄴ을 씁니다.

문장 속 낱말 바르게 쓰기

2 다음 문장의 빈칸에 들어갈 낱말로 알맞은 것에 ○표 하고, 바르게 쓰세요.

❶ 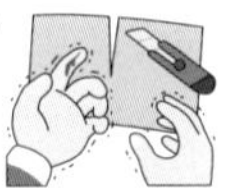

(칼날) / 칼랄)

칼 날 에 손가락을 베였어요.

❷ 

(별님) / 별림)

밤하늘의 별 님 에게 기도해요.

❶ [칼랄]로 읽지만, 쓸 때는 '칼날'이라고 써야 합니다.
❷ [별림]으로 읽지만, 쓸 때는 '별님'이라고 써야 합니다.

문장 바르게 쓰기

3 다음 밑줄 친 낱말을 바르게 고쳐 문장을 다시 쓰세요.

❶ 실래화를 신어요.

실 내 화 를 ∨ 신 어 요 .

❷ 줄럼끼 연습을 해요.

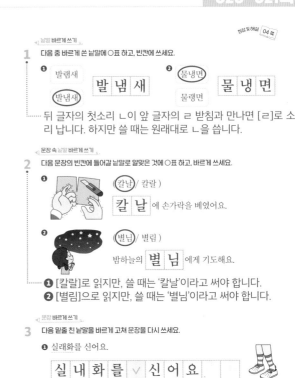

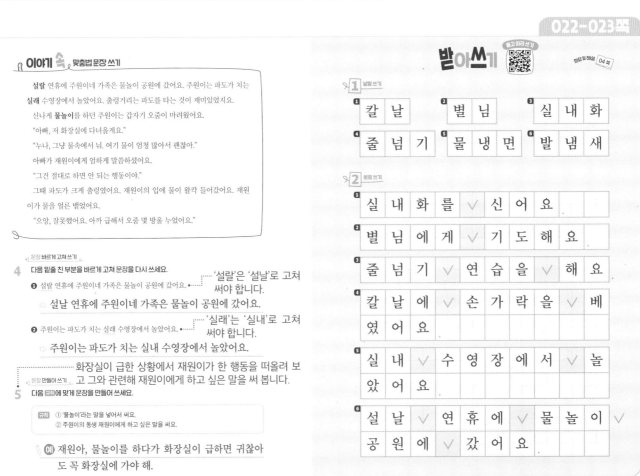

줄 넘 기 ∨ 연 습 을 ∨ 해 요 .

이야기 속 맞춤법 문장 쓰기

설랄 연휴에 주원이네 가족은 물놀이 공원에 갔어요. 주원이는 파도가 치는 **실래** 수영장에서 놀았어요. 출렁거리는 파도를 타는 것이 재미있었지요.

신나게 **물놀이**를 하던 주원이는 갑자기 오줌이 마려웠어요.

"아빠, 저 화장실에 다녀올게요."

"누나, 그냥 물속에서 눠. 여기 물이 엄청 많아서 괜찮아."

아빠가 재원이에게 엄하게 말씀하셨어요.

"그건 절대로 하면 안 되는 행동이야."

그때 파도가 크게 출렁였어요. 재원이의 입에 물이 왈칵 들어갔어요. 재원이가 물을 얼른 뱉었어요.

"으앙, 잘못했어요. 아까 급해서 오줌 몇 방울 누었어요."

문장 바르게 고쳐 쓰기

4 다음 밑줄 친 부분을 바르게 고쳐 문장을 다시 쓰세요.

❶ 설랄 연휴에 주원이네 가족은 물놀이 공원에 갔어요. — '설랄'은 '설날'로 고쳐 써야 합니다.

⇨ 설날 연휴에 주원이네 가족은 물놀이 공원에 갔어요.

❷ 주원이는 파도가 치는 실래 수영장에서 놀았어요. — '실래'는 '실내'로 고쳐 써야 합니다.

⇨ 주원이는 파도가 치는 실내 수영장에서 놀았어요.

문장 만들어 쓰기

5 다음 규칙에 맞게 문장을 만들어 쓰세요.

화장실이 급한 상황에서 재원이가 한 행동을 떠올려 보고 그와 관련해 재원이에게 하고 싶은 말을 써 봅니다.

규칙 ① '물놀이'라는 말을 넣어서 써요.
② 주원이의 동생 재원이에게 하고 싶은 말을 써요.

예 재원아, 물놀이를 하다가 화장실이 급하면 귀찮아도 꼭 화장실에 가야 해.

받아쓰기

듣고 따라 쓰기

정답 및 해설 04쪽

1 낱말 쓰기

❶ 칼 날 ❷ 별 님 ❸ 실 내 화
❹ 줄 넘 기 ❺ 물 냉 면 ❻ 발 냄 새

2 문장 쓰기

❶ 실 내 화 를 ∨ 신 어 요 .

❷ 별 님 에 게 ∨ 기 도 해 요 .

❸ 줄 넘 기 ∨ 연 습 을 ∨ 해 요

❹ 칼 날 에 ∨ 손 가 락 을 ∨ 베 였 어 요 .

❺ 실 내 ∨ 수 영 장 에 서 ∨ 놀 았 어 요 .

❻ 설 날 ∨ 연 휴 에 ∨ 물 놀 이 ∨ 공 원 에 ∨ 갔 어 요 .

024~025쪽

정답 및 해설 05쪽

04 ㄴ 받침이 [ㄹ]로 소리 나는 말

쏙쏙 맞춤법		읽을 때	쓸 때
	앞 글자의 ㄴ 받침이 뒤 글자의 첫소리 ㄹ과 만나면	ㄹ을 닮아 [ㄹ]로 소리 나요. 예 [실랑]	원래 받침인 ㄴ을 써요. 예 신랑

맞춤법 연습

	이렇게 소리 나요!	따라 쓰세요!
편리	[펼리]	편 리
산신령	[산실령]	산 신 령
한라산	[할라산]	한 라 산

낱말 바르게 쓰기

1 다음 그림을 보고, 빈칸에 들어갈 알맞은 받침을 쓰세요.

❶  난로 ❷  신랑

❸  분리 ❹  반려견

앞 글자의 ㄴ 받침이 뒤에 오는 ㄹ을 만나 [ㄹ]로 소리 나더라도, 쓸 때는 원래대로 ㄴ을 써야 합니다.

문장 속 낱말 바르게 쓰기

2 다음 문장의 빈칸에 들어갈 알맞은 낱말을 보기에서 찾아 쓰세요.

보기 펼리 편리 괄리 관리

❶ 스마트폰은 편리 한 도구예요.

❷ 잔디가 잘 자라도록 관리 해요.

❶ [펼리]로 읽지만, '편리'라고 써야 합니다.
❷ [괄리]로 읽지만, '관리'라고 써야 합니다.

문장 바르게 쓰기

3 다음 밑줄 친 낱말을 바르게 고쳐 문장을 다시 쓰세요.

❶ 공연을 괄람했어요.

공연을 ∨ 관람했어요

❷ 색깔별로 불류해요.

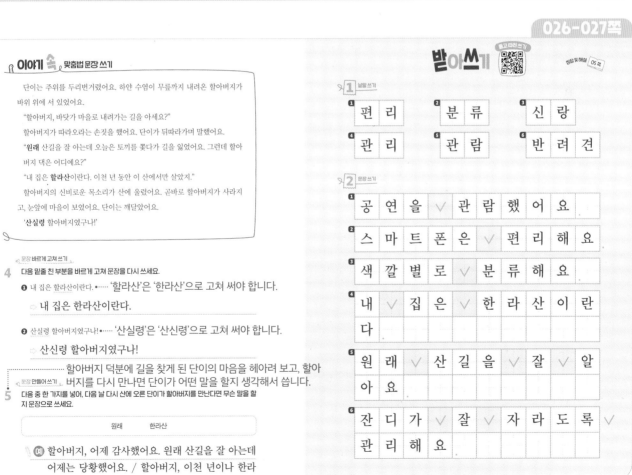

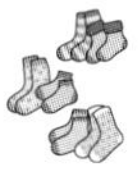

색깔별로 ∨ 분류해요

026~027쪽

정답 및 해설 05쪽

이야기 속 맞춤법 문장 쓰기

단이는 주위를 두리번거렸어요. 하얀 수염이 무릎까지 내려온 할아버지가 바위 위에 서 있었어요.

"할아버지, 바닷가 마을로 내려가는 길을 아세요?"

할아버지가 따라오라는 손짓을 했어요. 단이가 뒤따라가며 말했어요.

"**원래** 산길을 잘 아는데 오늘은 토끼를 쫓다가 길을 잃었어요. 그런데 할아버지 댁은 어디예요?"

"내 집은 **할라산**이란다. 이천 년 동안 이 산에서만 살았지."

할아버지의 신비로운 목소리가 산에 울렸어요. 곧바로 할아버지가 사라지고, 눈앞에 마을이 보였어요. 단이는 깨달았어요.

'**산실령** 할아버지였구나!'

문장 바르게 고쳐 쓰기

4 다음 밑줄 친 부분을 바르게 고쳐 문장을 다시 쓰세요.

❶ 내 집은 할라산이란다. ····· '할라산'은 '한라산'으로 고쳐 써야 합니다.

⇨ 내 집은 한라산이란다.

❷ 산실령 할아버지였구나! ····· '산실령'은 '산신령'으로 고쳐 써야 합니다.

⇨ 산신령 할아버지였구나!

문장 만들어 쓰기

5 다음 중 한 가지를 넣어, 다음 날 다시 산에 오른 단이가 할아버지를 만난다면 무슨 말을 할지 문장으로 쓰세요.

····· 할아버지 덕분에 길을 찾게 된 단이의 마음을 헤아려 보고, 할아버지를 다시 만나면 단이가 어떤 말을 할지 생각해서 씁니다.

원래 한라산

예 할아버지, 어제 감사했어요. 원래 산길을 잘 아는데 어제는 당황했어요. / 할아버지, 이천 년이나 한라산에서 사셨다니 놀라워요.

받아쓰기

듣고 따라 쓰기

1 낱말 쓰기

❶ 편리 ❷ 분류 ❸ 신랑
❹ 관리 ❺ 관람 ❻ 반려견

2 문장 쓰기

❶ 공연을 ∨ 관람했어요
❷ 스마트폰은 ∨ 편리해요.
❸ 색깔별로 ∨ 분류해요
❹ 내 ∨ 집은 ∨ 한라산이란다.
❺ 원래 ∨ 산길을 ∨ 잘 ∨ 알아요.
❻ 잔디가 ∨ 잘 ∨ 자라도록 ∨ 관리해요.

05 ㅂ 받침이 [ㅁ]으로 소리 나는 말

쏙쏙 맞춤법

ㅂ 받침이 뒤 글자의 첫소리 ㄴ, ㅁ과 만나면	읽을 때	쓸 때
	ㄴ, ㅁ을 닮아 [ㅁ]으로 소리 나요. 예 [검나요]	원래 받침인 ㅂ을 써요. 예 겁나요

맞춤법 연습

	이렇게 소리 나요!	따라 쓰세요!
톱니	[톰니]	톱 니
밥물	[밤물]	밥 물
입는	[임는]	입 는

정답 및 해설 06쪽

낱말 바르게 쓰기

1 다음 그림을 보고, 빈칸에 들어갈 알맞은 받침을 쓰세요.

❶  입 맛 ❷  톱 니

❸  밥 물 ❹  입 맞 춤

'밥물'은 '밥을 지을 때 쌀에 붓는 물.'을 뜻하며 [밤물]이라고 읽습니다.

문장 속 낱말 바르게 쓰기

2 다음 문장의 빈칸에 들어갈 알맞은 낱말을 보기에서 찾아 쓰세요.

보기 굼는 굽는 점는 접는

❶ 빵 굽 는 냄새가 좋아요.

❷ 색종이로 학 접 는 방법을 배웠어요.

문장 바르게 쓰기

3 다음 중 바르게 쓴 낱말을 찾아 ○표 하고, 문장을 다시 쓰세요.

❶ [씀니다]로 소리 나지만, '씁니다'라고 써야 합니다.
❷ [탐니다]로 소리 나지만, '탑니다'라고 써야 합니다.

❶ 글씨를 (씁니다 / 씀니다). 

글 씨 를 ∨ 씁 니 다.

❷ 자전거를 (탐니다 / 탑니다). 

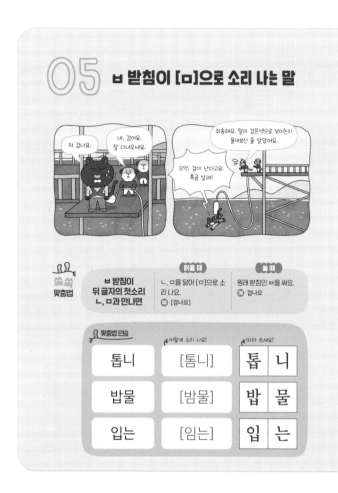

자 전 거 를 ∨ 탑 니 다.

이야기 속 맞춤법 문장 쓰기

"하늘이한테 작아진 옷들인데 그냥 버리기 아깝잖아."

엄마는 내가 안 **입는** 옷을 펼쳐 놓고 사진을 찍으셨어요. 그리고 사용하던 물건을 싼값에 사고파는 온라인 장터에 글과 사진을 올리셨어요.

어린이 옷 **팝니다**. 몇 번 안 입어 새 옷처럼 깨끗합니다.

얼마 지나지 않아 띠링 하고 휴대 전화 알림음이 울렸어요.

"옷 사진을 보더니 아이가 입는다고 했대. 얼른 전해 줘야겠다."

며칠 뒤, 엄마가 휴대 전화 메시지와 사진을 보여 주셨어요.

예쁘게 잘 입을게요. **감사합니다**.

사진 속에서 귀여운 여자아이가 내 바지와 티셔츠를 입고 있었어요.

그 모습을 보니 동생이 생긴 것 같아 기분이 좋았어요.

문장 바르게 고쳐 쓰기

4 다음 밑줄 친 부분을 바르게 고쳐 문장을 다시 쓰세요.

❶ 어린이 옷 팜니다. ····· '팜니다'는 '팝니다'로 고쳐 써야 합니다.

⇨ 어린이 옷 팝니다.

❷ 감사함니다.

⇨ 감사합니다.

문장 만들어 쓰기

5 다음 중 한 가지를 넣어, 사용하던 물건을 사고파는 온라인 장터에 올릴 글을 문장으로 쓰세요.

사고 싶은 물건이나 팔고 싶은 물건을 떠올려 글을 씁니다. '입는' 또는 '팝니다'를 넣어서 씁니다.

입는 팝니다

예 어린이들이 설날에 입는 어린이용 한복 삽니다. / 제가 재미있게 읽은 동화책 팝니다.

받아쓰기

듣고 따라 쓰기

정답 및 해설 06쪽

1 낱말 쓰기

❶ 입 맛 ❷ 톱 니 ❸ 접 는

❹ 씁 니 다 ❺ 탑 니 다 ❻ 입 맞 춤

2 문장 쓰기

❶ 글 씨 를 ∨ 씁 니 다.

❷ 자 전 거 를 ∨ 탑 니 다.

❸ 어 린 이 ∨ 옷 ∨ 팝 니 다.

❹ 빵 ∨ 굽 는 ∨ 냄 새 가 ∨ 좋 아 요.

❺ 색 종 이 로 ∨ 학 ∨ 접 는 ∨ 방 법 을 ∨ 배 웠 어 요.

❻ 예 쁘 게 ∨ 잘 ∨ 입 을 게 요. 감 사 합 니 다.

06 ㅍ 받침이 [ㅁ]으로 소리 나는 말

쏙쏙 맞춤법

	읽을 때	쓸 때
ㅍ 받침이 뒤 글자의 첫소리 ㄴ, ㅁ과 만나면	ㄴ, ㅁ을 닮아 [ㅁ]으로 소리 나요. 예 [암머리]	원래 받침인 ㅍ을 써요. 예 앞머리

맞춤법 연습

	이렇게 소리 나요!	따라 쓰세요!
덮는	[덤는]	덮 는
옆문	[염문]	옆 문
앞마당	[암마당]	앞 마 당

정답 및 해설 07쪽

낱말 바르게 쓰기

1 다음 그림을 보고, 잘못 쓴 낱말을 찾아 바르게 고쳐 쓰세요.

암니

엽면

앞 니

문장 속 낱말 바르게 쓰기

2 다음 문장의 빈칸에 들어갈 알맞은 낱말을 보기에서 찾아 쓰세요.

보기 덤는 덮는 엎는 엄는

❶ 겨울에 덮 는 이불은 두꺼워요.

❷ 컵을 엎 는 바람에 물을 다 쏟았어요.

❶ [덤는]으로 소리 나지만, '덮는'이라고 써야 합니다.
❷ [엄는]으로 소리 나지만, '엎는'이라고 써야 합니다.

문장 바르게 쓰기

3 다음 밑줄 친 낱말을 바르게 고쳐 문장을 다시 쓰세요.

❶ 암머리가 길어요.

앞 머 리 가 ∨ 길 어 요 .

❷ 놉낫이가 달라요.

높 낮 이 가 ∨ 달 라 요 .

'높낮이'는 '높음과 낮음. 또는 높고 낮은 정도.'를 뜻합니다. [놈나지]로 소리 나지만 '높낮이'라고 써야 합니다.

이야기 속 맞춤법 문장 쓰기

반달곰이 동물들에게 고구마를 나누어 주기로 했어요. 소식을 들은 동물들이 반달곰의 집으로 모여들었지요.

늦잠을 잔 오소리는 꼴찌로 도착했어요. **암마당**에 동물들이 길게 줄을 서 있었지요. 줄의 맨 끝에 서자 다른 동물들의 **앞모습**은 보이지 않고 뒷모습만 보였어요.

"고구마를 받지 못하겠는걸."

불안해진 오소리는 대문 밖으로 나갔어요. 그리고 담장을 빙 돌아 **염문**으로 슬쩍 들어갔어요. 줄의 중간에 몰래 끼어들려고 했던 것이에요.

"오소리야, 왜 새치기하려고 하니?"

반달곰에게 들킨 오소리는 부끄러워서 얼굴이 빨개졌어요.

문장 바르게 고쳐 쓰기

4 다음 밑줄 친 부분을 바르게 고쳐 문장을 다시 쓰세요.

❶ 암마당에 동물들이 길게 줄을 서 있었지요. — '암마당'은 '앞마당'으로 고쳐 써야 합니다.

→ 앞마당에 동물들이 길게 줄을 서 있었지요.

❷ 담장을 빙 돌아 염문으로 슬쩍 들어갔어요. — '염문'은 '옆문'으로 고쳐 써야 합니다.

→ 담장을 빙 돌아 옆문으로 슬쩍 들어갔어요.

오소리가 한 행동과 그 행동을 한 까닭을 생각해 보고 오소리에게 해 주고 싶은 말을 씁니다.

문장 만들어 쓰기

5 다음 중 한 가지를 넣어, 오소리에게 하고 싶은 말을 문장으로 쓰세요.

앞모습 옆문

예 오소리야, 다른 동물들의 앞모습을 봤다면 새치기할 생각을 못 했을 거야. / 오소리야, 옆문으로 들어가 새치기를 하는 건 부끄러운 일이야.

받아쓰기

정답 및 해설 07쪽

1 낱말 쓰기

❶ 앞 니
❷ 덮 는
❸ 앞 머 리
❹ 앞 마 당
❺ 높 낮 이
❻ 앞 모 습

2 문장 쓰기

❶ 앞 머 리 가 ∨ 길 어 요 .
❷ 높 낮 이 가 ∨ 달 라 요 .
❸ 앞 모 습 이 ∨ 보 였 어 요 .
❹ 겨 울 에 ∨ 덮 는 ∨ 이 불 은 ∨ 두 꺼 워 요 .
❺ 컵 을 ∨ 엎 는 ∨ 바 람 에 ∨ 물 을 ∨ 다 ∨ 쏟 았 어 요 .
❻ 앞 마 당 에 ∨ 동 물 들 이 ∨ 길 게 ∨ 줄 을 ∨ 섰 어 요 .

07 ㄴ 앞에서 받침이 [ㅇ]으로 소리 나는 말

둘 중에서 하나를 고르시면, 시간 여행을 할 수 있습니다.
일 년 전으로 가고 싶어요. 파란색 장년!
작년
장년
안녕? 난 미래의 너야. '장년'은 서른 살에서 마흔 살 정도의 나이를 뜻해.
여기가 어디지?

쏙쏙 맞춤법	읽을 때	쓸 때
ㄱ, ㄲ 받침이 뒤 글자의 첫소리 ㄴ과 만나면	ㄴ을 닮아 [ㅇ]으로 소리 나요. 예 [장년]	원래 받침인 ㄱ, ㄲ을 써요. 예 작년

맞춤법 연습

	이렇게 소리 나요!	따라 쓰세요!
막내	[망내]	막 내
닦는	[당는]	닦 는
함박눈	[함방눈]	함 박 눈

정답 및 해설 08쪽

낱말 바르게 쓰기

1 다음 그림을 보고, 잘못 쓴 낱말을 찾아 바르게 고쳐 쓰세요.

막내

숭녀

숙 녀

'숙녀'는 '어른이 된 여자'를 뜻합니다. ㄱ 받침 뒤에 ㄴ으로 시작하는 말이 와서 [숭녀]라고 소리 나지만, '숙녀'라고 씁니다.

문장 속 낱말 바르게 쓰기

2 다음 문장의 빈칸에 들어갈 알맞은 낱말을 보기에서 찾아 쓰세요.

보기 당는 닦는 묶는 뭉는

❶ 그릇을 닦 는 솜씨가 늘었어요.

❷ 신발 끈을 묶 는 방법을 알아요.

❶ [당는]으로 소리 나지만, '닦는'이라고 써야 합니다.
❷ [뭉는]으로 소리 나지만, '묶는'이라고 써야 합니다.

문장 바르게 쓰기

3 다음 밑줄 친 낱말을 바르게 고쳐 문장을 다시 쓰세요.

❶ 송눈썹이 길어요.

속 눈 썹 이 ∨ 길 어 요 .

❷ 함방눈이 내려요.

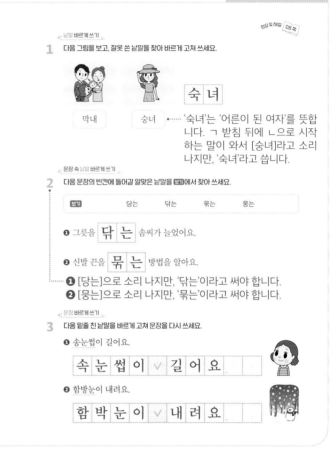

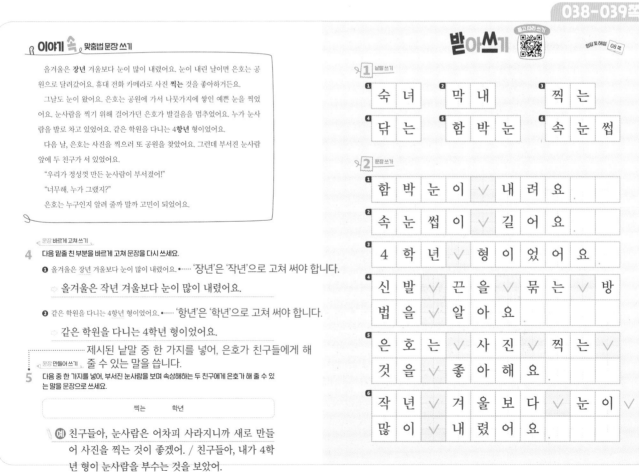

함 박 눈 이 ∨ 내 려 요 .

이야기 속 맞춤법 문장 쓰기

올겨울은 **장년** 겨울보다 눈이 많이 내렸어요. 눈이 내린 날이면 은호는 공원으로 달려갔어요. 휴대 전화 카메라로 사진 **찍는** 것을 좋아하거든요.

그날도 눈이 왔어요. 은호는 공원에 가서 나뭇가지에 쌓인 예쁜 눈을 찍었어요. 눈사람을 찍기 위해 걸어가던 은호가 발걸음을 멈추었어요. 누가 눈사람을 발로 차고 있었어요. 같은 학원을 다니는 4**항년** 형이었어요.

다음 날, 은호는 사진을 찍으러 또 공원을 찾았어요. 그런데 부서진 눈사람 앞에 두 친구가 서 있었어요.

"우리가 정성껏 만든 눈사람이 부서졌어!"

"너무해. 누가 그랬지?"

은호는 누구인지 알려 줄까 말까 고민이 되었어요.

문장 바르게 고쳐 쓰기

4 다음 밑줄 친 부분을 바르게 고쳐 문장을 다시 쓰세요.

❶ 올겨울은 장년 겨울보다 눈이 많이 내렸어요. •····· '장년'은 '작년'으로 고쳐 써야 합니다.

⇨ 올겨울은 작년 겨울보다 눈이 많이 내렸어요.

❷ 같은 학원을 다니는 4항년 형이었어요. •····· '항년'은 '학년'으로 고쳐 써야 합니다.

⇨ 같은 학원을 다니는 4학년 형이었어요.

문장 만들어 쓰기

5 다음 중 한 가지를 넣어, 부서진 눈사람을 보며 속상해하는 두 친구에게 은호가 해 줄 수 있는 말을 문장으로 쓰세요.

제시된 낱말 중 한 가지를 넣어, 은호가 친구들에게 해 줄 수 있는 말을 씁니다.

찍는 학년

예 친구들아, 눈사람은 어차피 사라지니까 새로 만들어 사진을 찍는 것이 좋겠어. / 친구들아, 내가 4학년 형이 눈사람을 부수는 것을 보았어.

받아쓰기

듣고 따라 쓰기

정답 및 해설 08쪽

1 낱말 쓰기

❶ 숙 녀 ❷ 막 내 ❸ 찍 는

❹ 닦 는 ❺ 함 박 눈 ❻ 속 눈 썹

2 문장 쓰기

❶ 함 박 눈 이 ∨ 내 려 요 .

❷ 속 눈 썹 이 ∨ 길 어 요 .

❸ 4 학 년 ∨ 형 이 었 어 요 .

❹ 신 발 ∨ 끈 을 ∨ 묶 는 ∨ 방 법 을 ∨ 알 아 요 .

❺ 은 호 는 ∨ 사 진 ∨ 찍 는 ∨ 것 을 ∨ 좋 아 해 요 .

❻ 작 년 ∨ 겨 울 보 다 ∨ 눈 이 ∨ 많 이 ∨ 내 렸 어 요 .

08 ㅁ 앞에서 받침이 [ㅇ]으로 소리 나는 말

민재야, 먹물 좀 갖다 주겠니?
네, 할아버지.
여기 멍이 물이요!
왈왈!
아이고, 이 개구쟁이 녀석! 멍이의 물을 갖고 오면 어떡하니.

쏙쏙 맞춤법

	읽을 때	쓸 때
ㄱ 받침이 뒤 글자의 첫소리 ㅁ과 만나면	ㅁ을 닮아 [ㅇ]으로 소리 나요. 예 [멍물]	원래 받침인 ㄱ을 써요. 예 먹물

맞춤법 연습

	이렇게 소리 나요!	따라 쓰세요!
국물	[궁물]	국 물
속마음	[송마음]	속 마 음
박물관	[방물관]	박 물 관

정답 및 해설 09쪽

낱말 바르게 쓰기

1 다음 중 바르게 쓴 낱말에 ○표 하고, 빈칸에 쓰세요.

❶ 싱물 / (식물) → 식 물

❷ (국물) / 궁물 → 국 물

ㄱ 받침 뒤에 ㅁ으로 시작하는 말이 오면 받침이 [ㅇ]으로 소리 납니다. 그러나 쓸 때는 원래 받침인 ㄱ을 써야 합니다.

문장 속 낱말 바르게 쓰기

2 다음 문장의 빈칸에 들어갈 낱말로 알맞은 것에 ○표 하고, 바르게 쓰세요.

❶ 

(방물관 / (박물관))

박 물 관 에 견학*을 다녀왔어요.

*직접 찾아가서 보고 배움

❷ 

((식목일) / 싱모길)

4월 5일은 나무를 심는 식 목 일 이에요.

❶ [방물관]으로 읽지만 '박물관'이라고 써야 합니다.
❷ '식목일'은 나무를 심고 가꾸도록 나라에서 법으로 정한 날입니다. [싱모길]로 읽지만 '식목일'이라고 써야 합니다.

문장 바르게 쓰기

3 다음 중 바르게 쓴 낱말을 찾아 ○표 하고, 문장을 다시 쓰세요.

❶ ((목말) / 몽말)을 탔어요.

목 말 을 ∨ 탔 어 요 .

❷ (멍물 / (먹물))을 뿜어요.

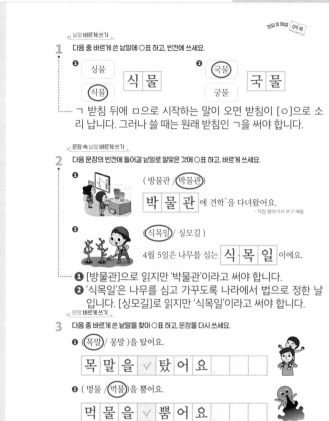

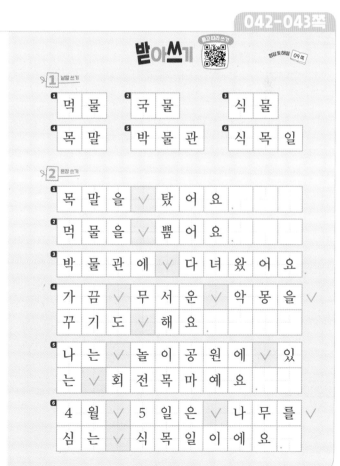

먹 물 을 ∨ 뿜 어 요 .

이야기 속 맞춤법 문장 쓰기

나는 놀이공원에 있는 **회전몽마**예요. 신나는 음악이 나오면 사람들을 태우고 빙빙 돌아요.

나는 나를 탄 사람의 **송마음**을 알 수 있어요. 대부분의 아이들은 나를 타고 즐거워해요. 그런데 무서워하는 아이도 있어요. 내리고 싶다고 속으로 소리쳐요. 그럴 땐 멈추고 싶지만 내 마음대로 되지 않아요.

밤이 되면 나는 멈춰 선 채로 잠을 자요. 들판을 달리는 행복한 꿈을 자주 꿔요. 하지만 가끔 무서운 **앙몽**을 꾸기도 해요. 어제 꿈에선 어떤 아이가 빨리 달리라고 두 발로 내 옆구리를 뻥뻥 찼어요. 너무 아파 울다가 깼어요.

나는 날마다 아이들을 만날 생각에 설레요. 나를 타는 아이들이 모두 즐거웠으면 좋겠어요.

문장 바르게 고쳐 쓰기

4 다음 밑줄 친 부분을 바르게 고쳐 문장을 다시 쓰세요.

❶ 나는 놀이공원에 있는 회전몽마예요.

⇨ 나는 놀이공원에 있는 회전목마예요.

'목'의 ㄱ 받침이 뒤에 오는 ㅁ의 영향으로 [ㅇ]으로 소리 나 [회전몽마] 또는 [훼전몽마]라고 읽습니다. 쓸 때는 '회전목마'로 씁니다.

❷ 나는 나를 탄 사람의 송마음을 알 수 있어요.

⇨ 나는 나를 탄 사람의 속마음을 알 수 있어요.

문장 만들어 쓰기

5 다음 규칙에 맞게 문장을 만들어 쓰세요.

회전목마를 탔거나 보았던 경험을 떠올려 이 글의 회전목마에게 하고 싶은 말을 써 봅니다. '앙몽'은 '악몽'으로 바르게 고친 말을 넣어서 씁니다.

규칙 ① '앙몽'을 바르게 고친 말을 넣어서 써요.
② 회전목마에게 하고 싶은 말을 써요.

예 회전목마야, 앞으로는 악몽을 꾸지 말고 행복한 꿈만 꾸렴.

받아쓰기

듣고 따라 쓰기

정답 및 해설 09쪽

1 낱말 쓰기

❶ 먹 물 ❷ 국 물 ❸ 식 물
❹ 목 말 ❺ 박 물 관 ❻ 식 목 일

2 문장 쓰기

❶ 목 말 을 ∨ 탔 어 요 .
❷ 먹 물 을 ∨ 뿜 어 요 .
❸ 박 물 관 에 ∨ 다 녀 왔 어 요 .
❹ 가 끔 ∨ 무 서 운 ∨ 악 몽 을 ∨ 꾸 기 도 ∨ 해 요 .
❺ 나 는 ∨ 놀 이 공 원 에 ∨ 있 는 ∨ 회 전 목 마 예 요 .
❻ 4 월 ∨ 5 일 은 ∨ 나 무 를 ∨ 심 는 ∨ 식 목 일 이 에 요 .

046~047쪽

09 받침 ㄷ이 [ㅈ]으로 소리 나는 말

쏙쏙 맞춤법

	읽을 때	쓸 때
ㄷ 받침이 뒤에 오는 모음 ㅣ와 만나면	[ㅈ]으로 소리 나요. 예 [가을거지]	ㄷ 받침을 살려서 써요. 예 가을걷이

맞춤법 연습

	이렇게 소리 나요!	따라 쓰세요!
맏이	[마지]	맏 이
등받이	[등바지]	등 받 이
미닫이	[미다지]	미 닫 이

정답 및 해설 10쪽

낱말 바르게 쓰기

1 다음 그림을 보고, 잘못 쓴 낱말을 찾아 바르게 고쳐 쓰세요.

미다지 　 턱받이 　 → 미 닫 이

ㄷ 받침이 모음 ㅣ를 만나 [ㅈ]으로 소리 나지만, 쓸 때는 ㄷ 받침을 살려서 씁니다.

문장 속 낱말 바르게 쓰기

2 다음 중 문장의 빈칸에 들어갈 알맞은 낱말을 찾아 쓰세요.

❶ 맏이 / 마지 　 형은 삼 형제의 맏 이 예요.

❷ 구지 / 굳이 　 밤에 굳 이 과자를 먹겠다고 해요.
*고집을 부려서.

❶ [마지]라고 읽고, 쓸 때는 '맏이'라고 씁니다.
❷ [구지]라고 읽고, 쓸 때는 '굳이'라고 씁니다.

문장 바르게 쓰기

3 다음 밑줄 친 낱말을 바르게 고쳐 문장을 다시 쓰세요.

❶ 등바지에 기대요.

등받이에 ∨ 기대요.

❷ 해도지를 보았어요.

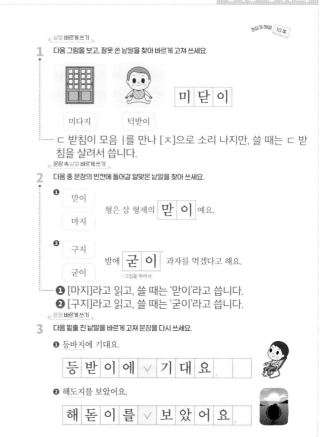

해돋이를 ∨ 보았어요.

048~049쪽

이야기 속 맞춤법 문장 쓰기

가을이 왔어요. 마을 사람들은 **가을거지**로 바빴어요. 게으름뱅이는 일하러 가기가 귀찮았어요. **여다지창**을 열어 놓고 집에만 있었어요. 온종일 창밖을 내다보다가 옆집 사람이 볏짐을 지고 지나가면,

"나도 벼를 추수해야 하는데……."

라고 말했어요. 사과 광주리를 이고 가는 사람을 보면 입맛을 다셨어요.

"맛있겠다. 우리 집 감나무도 감을 따야 하는데……."

게으름뱅이는 말만 할 뿐 할 일을 계속 미루었지요.

그러던 어느 날, 게으름뱅이는 꿈지럭거리며 일어나 밖으로 나갔어요. 논에 갔더니 벼가 모두 말라 있었어요. 감나무의 감은 땅바닥에 떨어져 다 터졌어요. 그제서야 게으름뱅이는 할 일을 미룬 것을 후회했어요.

문장 바르게 고쳐 쓰기

4 다음 밑줄 친 부분을 바르게 고쳐 문장을 다시 쓰세요.

❶ 마을 사람들은 가을거지로 바빴어요.
⇨ 마을 사람들은 가을걷이로 바빴어요.

❷ 여다지창을 열어 놓고 집에만 있었어요.
⇨ 여닫이창을 열어 놓고 집에만 있었어요.

'여닫이창'은 '밀거나 당겨서 열고 닫는 창.'을 뜻하는 말입니다. 소리 나는 대로 쓴 '여다지창'을 '여닫이창'이라고 고쳐 써야 합니다.

문장 만들어 쓰기

5 다음 중 한 가지를 넣어, 다음 해에 가을이 오면 게으름뱅이는 어떻게 행동할지 문장으로 쓰세요.

가을걷이 　 여닫이창

예 게으름뱅이는 부지런하게 가을걷이를 했어요. / 게으름뱅이는 미루는 버릇을 고치지 못해서 여닫이창으로 사람들을 보고 있을 것 같아요.

해야 할 일을 미룬 게으름뱅이는 벼와 감을 거두지 못했습니다. 그 다음 해에 가을걷이를 할 때 게으름뱅이가 어떻게 할지 상상하여 씁니다.

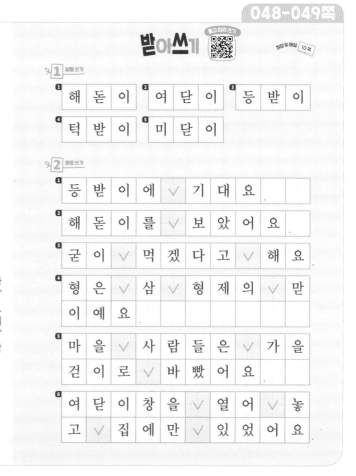

받아쓰기 듣고 따라 쓰기

정답 및 해설 10쪽

1 낱말 쓰기

❶ 해돋이 　 ❷ 여닫이 　 ❸ 등받이 　 ❹ 턱받이 　 ❺ 미닫이

2 문장 쓰기

❶ 등받이에 ∨ 기대요.
❷ 해돋이를 ∨ 보았어요.
❸ 굳이 ∨ 먹겠다고 ∨ 해요.
❹ 형은 ∨ 삼 ∨ 형제의 ∨ 맏이예요.
❺ 마을 ∨ 사람들은 ∨ 가을걷이로 ∨ 바빴어요.
❻ 여닫이창을 ∨ 열어 ∨ 놓고 ∨ 집에만 ∨ 있었어요.

10 받침 ㅌ이 [ㅊ]으로 소리 나는 말

곰곰아,
이 그림엽서를 부쳐 줘.
-토토가-
오늘 우체국에 가서 엽서 부치고 왔어. 잘했지?
뭐? 난 엽서에 그려진 그림이 예뻐서 벽에 붙여 달라는 뜻으로 쓴 거야.

쓱쓱 맞춤법

	읽을 때	쓸 때
ㅌ 받침이 뒤에 오는 모음 ㅣ와 만나면	[ㅊ]으로 소리 나요. 예 [부치다]	ㅌ 받침을 살려서 써요. 예 붙이다

맞춤법 연습

	이렇게 소리 나요!	따라 쓰세요!
같이	[가치]	같 이
볕이	[벼치]	볕 이
쇠붙이	[쇠부치]	쇠 붙 이

정답 및 해설 11쪽

낱말 바르게 쓰기

1 다음 그림을 보고, 잘못 쓴 낱말을 찾아 바르게 고쳐 쓰세요.

붙이다 / 쇠부치 → 쇠 붙 이

ㅌ 받침 뒤에 모음 ㅣ로 시작하는 말이 오면 [ㅊ]으로 읽지만, 쓸 때는 ㅌ 받침을 살려서 써야 합니다.

문장 속 낱말 바르게 쓰기

2 다음 중 문장의 빈칸에 들어갈 알맞은 낱말을 찾아 쓰세요.

❶ 샅샅이 / 산싸치 — 가방 안을 샅 샅 이 찾아요.
* 틈이 있는 곳마다 모조리.

❷ 난나치 / 낱낱이 — 봉지에 든 사탕의 개수를 낱 낱 이 세어요.
* 하나하나 빠짐없이 모두 다.

❶ '샅샅이'는 [산싸치]라고 소리 나지만, '샅샅이'라고 씁니다.
❷ '낱낱이'는 [난나치]라고 소리 나지만, '낱낱이'라고 씁니다.

문장 바르게 쓰기

3 다음 밑줄 친 낱말을 바르게 고쳐 문장을 다시 쓰세요.

❶ 파치 들어 있어요.

팔 이 ∨ 들 어 ∨ 있 어 요

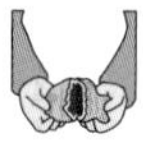

❷ 친구와 가치 걸어요.

친 구 와 ∨ 같 이 ∨ 걸 어 요

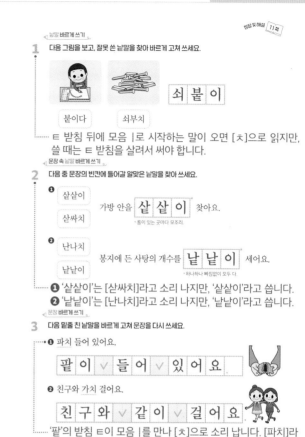

'팥'의 받침 ㅌ이 모음 ㅣ를 만나 [ㅊ]으로 소리 납니다. [파치]라고 읽지만, 쓸 때는 글자 그대로 '팥이'라고 씁니다.

이야기 속 맞춤법 문장 쓰기

무더운 여름날, 똑똑 탐정 사무소에 할머니가 찾아왔어요.
"탐정님, **가마소치** 없어졌어요. 범인을 잡아 주세요."
탐정은 할머니에게 이것저것 물어보고 확인했어요.
"그러니까 가마솥은 어제 낮까지 마당에 있었다는 거네요. 앞집 돌이와 옆집 범이가 왔다 간 뒤에 사라졌고요."
탐정은 해가 져서 **바깥이** 어두워질 때까지 할머니 집 마당을 조사했어요.
'발자국을 보니 범인은 한 명이군.'
그때 돌이와 범이가 왔어요. 탐정은 두 사람의 손을 보더니 미소를 지었어요.
"어제는 한낮에 **벼치** 강했어. 뜨거운 햇볕을 받아 가마솥도 뜨거워졌지. 너희 중에 범인은…… 가마솥을 옮기느라 손을 덴 범이, 바로 너야!"

문장 바르게 고쳐 쓰기

4 다음 밑줄 친 부분을 바르게 고쳐 문장을 다시 쓰세요.

❶ 탐정님, 가마소치 없어졌어요.
→ 탐정님, 가마솥이 없어졌어요.

'가마솥이'는 '가마솥'과 '이'가 결합한 말입니다. [가마소치]로 읽지만 '가마솥이'로 고쳐 써야 합니다.

❷ 어제는 한낮에 벼치 강했어.
'벼치'는 '볕이'로 고쳐 써야 합니다.
→ 어제는 한낮에 볕이 강했어.

제시된 낱말 중 하나를 넣어 할머니가 하실 말을 씁니다. 잘못을 저지른 범이를 야단치는 말을 써도 되고, 용서해 주는 말을 써도 됩니다.

문장 만들어 쓰기

5 다음 중 한 가지를 넣어, 할머니가 가마솥을 갖고 간 범이에게 무슨 말을 하실지 문장으로 쓰세요.

바깥이　　가마솥이

예 범이야, 네가 가마솥을 가져간 줄도 모르고 바깥이 어두워지도록 찾아다녔다. / 범이야, 가마솥이 필요하면 빌려 달라고 하렴.

받아쓰기

듣고 따라 쓰기

정답 및 해설 11쪽

1 낱말 쓰기

❶ 볕 이　❷ 바 깥 이　❸ 낱 낱 이
❹ 샅 샅 이　❺ 쇠 붙 이

2 문장 쓰기

❶ 낱 낱 이 ∨ 세 어 요 .
❷ 친 구 와 ∨ 같 이 ∨ 걸 어 요 .
❸ 팥 이 ∨ 들 어 ∨ 있 어 요 .
❹ 어 제 는 ∨ 한 낮 에 ∨ 볕 이 ∨ 강 했 어 .
❺ 탐 정 님 , 가 마 솥 이 ∨ 없 어 졌 어 요 .
❻ 바 깥 이 ∨ 어 두 워 질 ∨ 때 까 지 ∨ 조 사 했 어 요 .

11 받침 ㅎ을 만나 거센소리로 나는 말

이런, 산불이 났네! 관리 소장님께 알려야지.
이 말이 무슨 뜻일까?
좋지 않았는가? -관리 소장
'조치'하지 않았는지 물으신 것 같아요. '조치'를 '좋지'로 잘못 쓰셨네요.

*어떤 문제를 해결하기 위해 필요한 일을 하는 것.

쏙쏙 맞춤법

	읽을 때	쓸 때
ㅎ 받침이 뒤에 오는 ㄱ, ㄷ, ㅈ과 만나면	거센소리인 [ㅋ, ㅌ, ㅊ]으로 소리 나요. 예 [조치]	ㅎ 받침과 뒤에 오는 ㄱ, ㄷ, ㅈ을 살려서 써요. 예 좋지

맞춤법 연습

	이렇게 소리 나요!	따라 쓰세요!
넣고	[너코]	넣 고
닿지	[다치]	닿 지
하얗다	[하야타]	하 얗 다

정답 및 해설 12쪽

낱말 바르게 쓰기

1 다음 그림을 보고, 빈칸에 들어갈 알맞은 받침을 쓰세요.

❶  낳다 ❷  넣다

❸  땋다 ❹ 하얗다

ㅎ 받침 뒤에 ㄷ으로 시작하는 말이 오면 ㅎ과 ㄷ이 합쳐져 [ㅌ]으로 소리 납니다. 쓸 때는 ㅎ 받침을 살려서 써야 합니다.

문장 속 낱말 바르게 쓰기

2 다음 문장의 빈칸에 들어갈 알맞은 낱말을 보기에서 찾아 쓰세요.

보기 놓고 노코 싸코 쌓고

❶ 지하철에 우산을 놓고 내렸어요.

❷ 모래성을 쌓고 무너지지 않게 다독였어요.

❶ [노코]라고 읽지만, 쓸 때는 '놓고'라고 써야 합니다.
❷ [싸코]라고 읽지만, 쓸 때는 '쌓고'라고 써야 합니다.

문장 바르게 쓰기

3 다음 중 바르게 쓴 낱말을 찾아 ○표 하고, 문장을 다시 쓰세요.

❶ 발이 (닿지)/ 다치) 않아요. 

발이 ∨ 닿지 ∨ 않아요.

❷ 기분이 (조치 / (좋지)) 않아요. 

기분이 ∨ 좋지 ∨ 않아요.

이야기 속 맞춤법 문장 쓰기

학교 앞에 솜사탕 가게가 생겼어요. 주인 아저씨는 통 안에 설탕을 **너코** 막대기를 빙빙 돌렸어요. 하얀 실 같은 것이 칭칭 감겨 **둥그러케** 솜사탕이 만들어졌어요.

지우는 꼴깍 군침을 삼켰어요. 솜사탕은 하나에 삼천 원이나 했어요. 솜사탕을 사 먹는 아이들을 부럽게 바라보던 지우에게 영채가 말을 걸었어요.

"지우야, 얼마 있어?"

"천오백 원."

"나는 천육백 원 있어. 우리 같이 사 먹을까?"

지우와 영채는 가지고 있는 돈을 합쳐 솜사탕을 샀어요. 둘은 **사이조케** 솜사탕을 번갈아 먹었어요. 달콤한 솜사탕이 혀끝에서 사르르 녹았어요.

문장 바르게 고쳐 쓰기

4 다음 밑줄 친 부분을 바르게 고쳐 문장을 다시 쓰세요.

❶ 주인 아저씨는 통 안에 설탕을 너코 막대기를 빙빙 돌렸어요.

⇨ 주인 아저씨는 통 안에 설탕을 넣고 막대기를 빙빙 돌렸어요.

❷ 둘은 사이조케 솜사탕을 번갈아 먹었어요.

⇨ 둘은 사이좋게 솜사탕을 번갈아 먹었어요.

문장 만들어 쓰기

5 다음 규칙에 맞게 문장을 만들어 쓰세요.

지우가 영채와 함께 솜사탕을 먹었을 때 어떤 마음이 들었을지 생각하여 씁니다. '둥그러케'는 '둥그렇게'로 고쳐 씁니다.

규칙 ① '둥그러케'를 바르게 고친 말을 넣어서 써요.
② 솜사탕을 먹은 다음 날, 지우가 영채에게 어떤 말을 할지 상상해서 써요.

예 영채야, 네 덕분에 둥그렇게 만들어진 솜사탕을 먹을 수 있었어. 정말 고마워.

받아쓰기

듣고 따라 쓰기

정답 및 해설 12쪽

1 낱말 쓰기

❶ 넣다 ❷ 땋다 ❸ 놓고
❹ 쌓고 ❺ 닿지 ❻ 하얗다

2 문장 쓰기

❶ 발이 ∨ 닿지 ∨ 않아요.
❷ 우산을 ∨ 놓고 ∨ 내려요.
❸ 기분이 ∨ 좋지 ∨ 않아요.
❹ 둥그렇게 ∨ 솜사탕이 ∨ 만들어졌어요.
❺ 설탕을 ∨ 넣고 ∨ 막대기를 ∨ 빙빙 ∨ 돌렸어요.
❻ 사이좋게 ∨ 솜사탕을 ∨ 번갈아 ∨ 먹었어요.

12 뒤 글자의 ㅎ을 만나 거센소리로 나는 말

쏙쏙 맞춤법

	읽을 때	쓸 때
ㄱ, ㄷ, ㅂ, ㅈ 받침이 뒤에 오는 ㅎ과 만나면	거센소리인 [ㅋ, ㅌ, ㅍ, ㅊ]으로 소리 나요. 예 [다친]	ㄱ, ㄷ, ㅂ, ㅈ 받침과 뒤에 오는 ㅎ을 살려서 써요. 예 닫힌

맞춤법 연습

	이렇게 소리 나요!	따라 쓰세요!
국화	[구콰]	국 화
닫힌	[다친]	닫 힌
급하게	[그파게]	급 하 게

정답 및 해설 13쪽

낱말 바르게 쓰기

1 다음 중 바르게 쓴 낱말에 ○표 하고, 빈칸에 쓰세요.

❶ 구콰 / (국화) → 국 화

❷ (맏형) / 마텽 → 맏 형

❶ '국'의 ㄱ 받침이 ㅎ을 만나 [ㅋ]으로 소리 납니다. [구콰]로 읽지만, '국화'라고 씁니다.

❷ '맏'의 ㄷ 받침이 ㅎ을 만나 [ㅌ]으로 소리 납니다. [마텽]으로 읽지만, '맏형'이라고 씁니다.

문장 속 낱말 바르게 쓰기

2 다음 문장의 빈칸에 들어갈 낱말로 알맞은 것에 ○표 하고, 바르게 쓰세요.

❶ (행보칸 / (행복한))

나는 행 복 한 어린이예요.

❷ ((급하게) / 그파게)

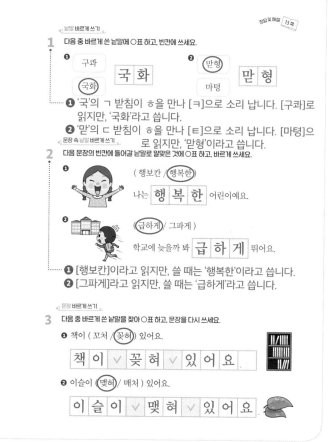

학교에 늦을까 봐 급 하 게 뛰어요.

❶ [행보칸]이라고 읽지만, 쓸 때는 '행복한'이라고 씁니다.

❷ [그파게]라고 읽지만, 쓸 때는 '급하게'라고 씁니다.

문장 바르게 쓰기

3 다음 중 바르게 쓴 낱말을 찾아 ○표 하고, 문장을 다시 쓰세요.

❶ 책이 (꼬처 / (꽂혀)) 있어요.

책 이 ∨ 꽂 혀 ∨ 있 어 요 .

❷ 이슬이 ((맺혀) / 매처) 있어요.

이 슬 이 ∨ 맺 혀 ∨ 있 어 요 .

이야기 속 맞춤법 문장 쓰기

어제 꿈에 나는 마법 학교에 **이팍**을 했다. 우리 반 이안이와 서진이도 같이 마법 학교에 들어갔다.

마법 학교에서 빗자루 타는 방법, 동물과 이야기하는 방법을 배웠다. 우리 동네 편의점 아주머니가 마법 학교 선생님이었다. 나는 이안이, 서진이와 함께 빗자루를 타고 학교를 날아다녔다.

그러던 어느 날, 괴물이 **다친** 교문을 부수고 들어왔다. 코뿔소처럼 생긴 초록색 괴물이었다. 내가 괴물에게 **머키려고** 할 때 이안이가 구해 줬다. 이안이가 빗자루로 괴물을 막 때리는 순간,

"시우야, 일어나!"

엄마가 부르는 소리에 잠에서 깼다.

문장 바르게 고쳐 쓰기

4 다음 밑줄 친 부분을 바르게 고쳐 문장을 다시 쓰세요.

❶ 그러던 어느 날, 괴물이 다친 교문을 부수고 들어왔다.

⇨ 그러던 어느 날, 괴물이 닫힌 교문을 부수고 들어왔다.

❷ 내가 괴물에게 머키려고 할 때 이안이가 구해 줬다.

⇨ 내가 괴물에게 먹히려고 할 때 이안이가 구해 줬다.

문장 만들어 쓰기

5 다음 규칙에 맞게 문장을 만들어 쓰세요.

시우의 꿈 이야기에서 재미있거나 기억에 남는 부분을 떠올려 봅니다. '이팍'은 '입학'으로 바르게 고친 말을 넣어서 씁니다.

규칙 ① '이팍'을 바르게 고친 말을 넣어서 써요.
② 마법 학교에 다니는 꿈을 꾼 시우에게 하고 싶은 말을 써요.

예 시우야, 나도 마법 학교에 입학해서 빗자루를 타고 날아다니는 꿈을 꾸고 싶어.

받아쓰기

듣고 따라 쓰기

정답 및 해설 13쪽

1 낱말 쓰기

❶ 맏 형
❷ 국 화
❸ 꽂 혀
❹ 맺 혀
❺ 행 복 한
❻ 급 하 게

2 문장 쓰기

❶ 책 이 ∨ 꽂 혀 ∨ 있 어 요 .
❷ 행 복 한 ∨ 어 린 이 예 요 .
❸ 이 슬 이 ∨ 맺 혀 ∨ 있 어 요 .
❹ 학 교 에 ∨ 늦 을 까 ∨ 봐 ∨ 급 하 게 ∨ 뛰 어 요 .
❺ 괴 물 이 ∨ 닫 힌 ∨ 교 문 을 ∨ 부 수 고 ∨ 들 어 왔 다 .
❻ 어 제 ∨ 꿈 에 ∨ 마 법 ∨ 학 교 에 ∨ 입 학 을 ∨ 했 다 .

064-065쪽

정답 및 해설 14쪽

13 두 낱말이 합쳐질 때 [ㄴ] 소리가 덧나는 말

쏙쏙 맞춤법		읽을 때	쓸 때
	앞말에 ㄹ을 제외한 받침이 있고, 뒷말이 '이, 야, 여, 요, 유'이면	뒷말의 첫소리에 [ㄴ]이 더해져서 소리 나요. 예 [한닙]	원래 글자인 ㅇ을 써요. 예 한입

맞춤법 연습

	이렇게 소리 나요!	따라 쓰세요!
담요	[담뇨]	담 요
두통약	[두통냑]	두 통 약
솜이불	[솜니불]	솜 이 불

낱말 바르게 쓰기

1 다음 중 바르게 쓴 낱말에 ○표 하고, 빈칸에 쓰세요.

❶ (맨입)○ / 맨닙 → 맨 입

*아무것도 먹지 않은 입.

❷ 담뇨 / (담요)○ → 담 요

문장 속 낱말 바르게 쓰기

2 다음 문장의 빈칸에 들어갈 낱말로 알맞은 것에 ○표 하고, 바르게 쓰세요.

❶ 

((논일)○ / 논닐)

농부가 아침부터 논 일 을 해요.

*논에서 농사를 짓는 일.

❷ 

(한녀름 / (한여름)○)

한 여 름 에는 날씨가 몹시 더워요.

❶ '논일'은 [논닐]로 소리 나지만, '논일'이라고 씁니다.
❷ '한여름'은 '한창인'의 뜻을 더하는 '한-'과 '여름'이 합쳐진 낱말입니다. [한녀름]으로 소리 나지만, '한여름'이라고 씁니다.

문장 바르게 쓰기

3 다음 중 바르게 쓴 낱말을 찾아 ○표 하고, 문장을 다시 쓰세요.

❶ (시공뉴 / (식용유)○)를 부어요. 

식 용 유 를 ∨ 부 어 요 .

❷ ((집안일)○ / 지반닐)을 도와요. 

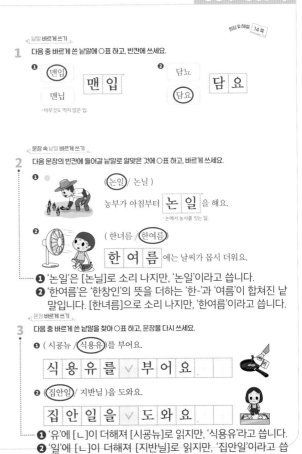

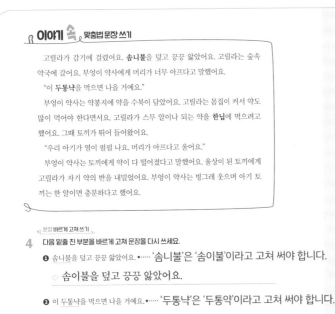

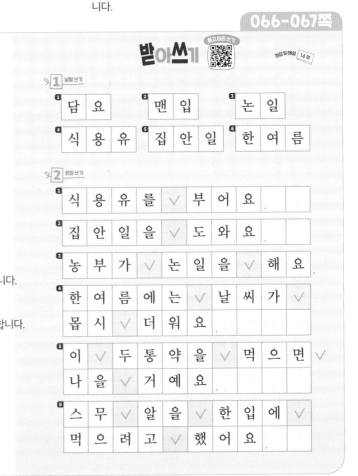

집 안 일 을 ∨ 도 와 요 .

❶ '유'에 [ㄴ]이 더해져 [시공뉴]로 읽지만, '식용유'라고 씁니다.
❷ '일'에 [ㄴ]이 더해져 [지반닐]로 읽지만, '집안일'이라고 씁니다.

066-067쪽

이야기 속 맞춤법 문장 쓰기

고릴라가 감기에 걸렸어요. **솜니불**을 덮고 끙끙 앓았어요. 고릴라는 숲속 약국에 갔어요. 부엉이 약사에게 머리가 너무 아프다고 말했어요.

"이 **두통냑**을 먹으면 나을 거예요."

부엉이 약사는 약봉지에 약을 수북이 담았어요. 고릴라는 몸집이 커서 약도 많이 먹어야 한다면서요. 고릴라가 스무 알이나 되는 약을 **한닙**에 먹으려고 했어요. 그때 토끼가 뛰어 들어왔어요.

"우리 아기가 열이 펄펄 나요. 머리가 아프다고 울어요."

부엉이 약사는 토끼에게 약이 다 떨어졌다고 말했어요. 울상이 된 토끼에게 고릴라가 자기 약의 반을 내밀었어요. 부엉이 약사는 빙그레 웃으며 아기 토끼는 한 알이면 충분하다고 했어요.

문장 바르게 고쳐 쓰기

4 다음 밑줄 친 부분을 바르게 고쳐 문장을 다시 쓰세요.

❶ 솜니불을 덮고 끙끙 앓았어요. ····· '솜니불'은 '솜이불'이라고 고쳐 써야 합니다.

⇨ 솜이불을 덮고 끙끙 앓았어요.

❷ 이 두통냑을 먹으면 나을 거예요. ····· '두통냑'은 '두통약'이라고 고쳐 써야 합니다.

⇨ 이 두통약을 먹으면 나을 거예요.

문장 만들어 쓰기

5 다음 규칙에 맞게 문장을 만들어 쓰세요.

규칙 ① '한닙'을 바르게 고친 말을 넣어서 써요.
② 고릴라에게 하고 싶은 말을 써요.

예 고릴라야, 스무 알이나 되는 약을 한입에 먹으려고 했구나. 너는 알약을 잘 삼킬 수 있나 보다.

감기에 걸린 고릴라에게 하고 싶은 말을 씁니다. '한닙'은 '한입'으로 고쳐 써야 합니다. '한입'은 '한 번 입을 벌린 상태'를 뜻하며 주로 '한입에'의 형태로 쓰입니다.

받아쓰기

듣고 따라 쓰기

정답 및 해설 14쪽

1 낱말 쓰기

❶ 담 요 ❷ 맨 입 ❸ 논 일
❹ 식 용 유 ❺ 집 안 일 ❻ 한 여 름

2 문장 쓰기

❶ 식 용 유 를 ∨ 부 어 요 .
❷ 집 안 일 을 ∨ 도 와 요 .
❸ 농 부 가 ∨ 논 일 을 ∨ 해 요 .
❹ 한 여 름 에 는 ∨ 날 씨 가 ∨ 몹 시 ∨ 더 워 요 .
❺ 이 ∨ 두 통 약 을 ∨ 먹 으 면 ∨ 나 을 ∨ 거 예 요 .
❻ 스 무 ∨ 알 을 ∨ 한 입 에 ∨ 먹 으 려 고 ∨ 했 어 요 .

14 두 낱말이 합쳐질 때 [ㄹ] 소리가 덧나는 말

쏙쏙 맞춤법

	읽을 때	쓸 때
앞말에 ㄹ 받침이 있고, 뒷말이 '이, 야, 여, 요, 유'이면	뒷말의 첫소리에 [ㄹ]이 더해져서 소리 나요. 예 [서울력]	원래 글자인 ㅇ을 써요. 예 서울역

맞춤법 연습

	이렇게 소리 나요!	따라 쓰세요!
별일	[별릴]	별 일
물약	[물략]	물 약
휘발유	[휘발류]	휘 발 유

정답 및 해설 15쪽

낱말 바르게 쓰기

1 다음 그림을 보고, 잘못 쓴 낱말을 찾아 바르게 고쳐 쓰세요.

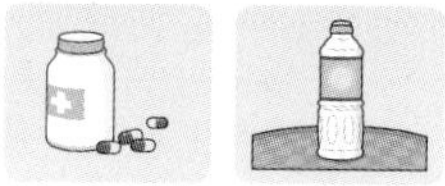

알략 물엿

알 약

문장 속 낱말 바르게 쓰기

2 다음 문장의 빈칸에 들어갈 알맞은 낱말을 보기에서 찾아 쓰세요.

보기 휘발류 휘발유 전철역 전철력

❶ 자동차에 휘 발 유 를 넣어요.

❷ 전 철 역 에서 친구를 기다려요.

❶ '휘발유'는 [휘발류]로 읽지만, '휘발유'라고 씁니다.
❷ '전철역'은 [전철력]으로 읽지만, '전철역'이라고 씁니다.

문장 바르게 쓰기

3 다음 중 바르게 쓴 낱말을 찾아 ○표 하고, 문장을 다시 쓰세요.

❶ ((솔이끼) / 솔리끼)가 피었어요.

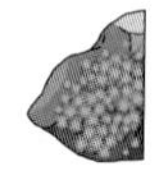

솔 이 끼 가 ∨ 피 었 어 요 .

❷ (서울력 / (서울역))에 도착했어요.

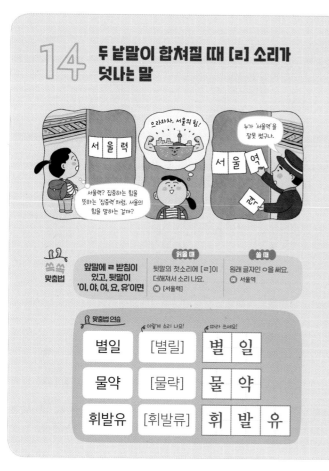

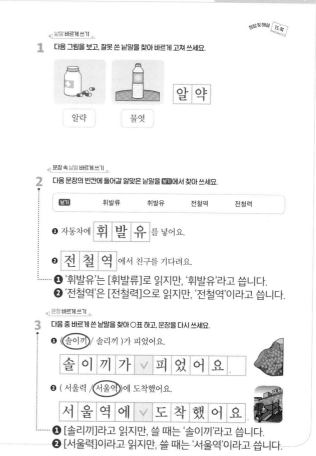

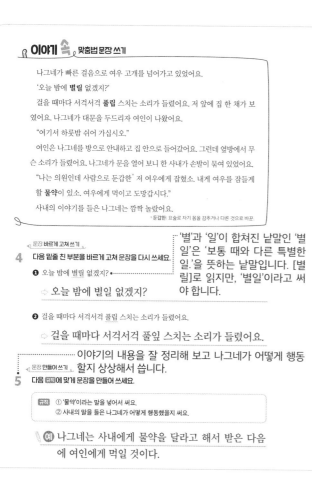

서 울 역 에 ∨ 도 착 했 어 요 .

❶ [솔리끼]라고 읽지만, 쓸 때는 '솔이끼'라고 씁니다.
❷ [서울력]이라고 읽지만, 쓸 때는 '서울역'이라고 씁니다.

이야기 속 맞춤법 문장 쓰기

나그네가 빠른 걸음으로 여우 고개를 넘어가고 있었어요.

'오늘 밤에 **별릴** 없겠지?'

걸을 때마다 서걱서걱 **풀립** 스치는 소리가 들렸어요. 저 앞에 집 한 채가 보였어요. 나그네가 대문을 두드리자 여인이 나왔어요.

"여기서 하룻밤 쉬어 가십시오."

여인은 나그네를 방으로 안내하고 집 안으로 들어갔어요. 그런데 옆방에서 무슨 소리가 들렸어요. 나그네가 문을 열어 보니 한 사내가 손발이 묶여 있었어요.

"나는 의원인데 사람으로 둔갑한* 저 여우에게 잡혔소. 내게 여우를 잡들게 할 **물약**이 있소. 여우에게 먹이고 도망갑시다."

사내의 이야기를 들은 나그네는 깜짝 놀랐어요.

* 둔갑한: 요술로 자기 몸을 감추거나 다른 것으로 바꾼.

문장 바르게 고쳐 쓰기

4 다음 밑줄 친 부분을 바르게 고쳐 문장을 다시 쓰세요.

❶ 오늘 밤에 별릴 없겠지?

⇨ 오늘 밤에 별일 없겠지?

'별'과 '일'이 합쳐진 낱말인 '별일'은 '보통 때와 다른 특별한 일.'을 뜻하는 낱말입니다. [별릴]로 읽지만, '별일'이라고 써야 합니다.

❷ 걸을 때마다 서걱서걱 풀립 스치는 소리가 들렸어요.

⇨ 걸을 때마다 서걱서걱 풀잎 스치는 소리가 들렸어요.

문장 만들어 쓰기

5 다음 규칙에 맞게 문장을 만들어 쓰세요.

이야기의 내용을 잘 정리해 보고 나그네가 어떻게 행동할지 상상해서 씁니다.

규칙 ① '물약'이라는 말을 넣어서 써요.
② 사내의 말을 들은 나그네가 어떻게 행동했을지 써요.

예 나그네는 사내에게 물약을 달라고 해서 받은 다음에 여인에게 먹일 것이다.

받아쓰기

듣고 따라 쓰기

정답 및 해설 15쪽

1 낱말 쓰기

❶ 물 엿 ❷ 알 약 ❸ 서 울 역
❹ 솔 이 끼 ❺ 전 철 역 ❻ 휘 발 유

2 문장 쓰기

❶ 솔 이 끼 가 ∨ 피 었 어 요 .

❷ 서 울 역 에 ∨ 도 착 했 어 요 .

❸ 전 철 역 에 서 ∨ 기 다 려 요 .

❹ 자 동 차 에 ∨ 휘 발 유 를 ∨ 넣 어 요 .

❺ 내 게 ∨ 여 우 를 ∨ 잡 들 게 ∨ 할 ∨ 물 약 이 ∨ 있 소 .

❻ 서 걱 서 걱 ∨ 풀 잎 ∨ 스 치 는 ∨ 소 리 가 ∨ 들 렸 어 요 .

15 사이시옷* 뒤에서 [ㄲ, ㄸ]으로 소리 나는 말

*두 낱말이 합쳐져 한 낱말이 될 때, 새로운 소리가 더해진 것을 알려주기 위해 낱말 사이에 쓰는 ㅅ 받침의 이름.

나무까지 살펴봐!
- 슬아가
나뭇가지에 예쁜 새집이 달려 있었는데 못 봤구나.
'나무까지'가 아니라 '나뭇가지'라고 썼으면 봤을 거야.

쏙쏙 맞춤법

사이시옷 뒤에 오는 글자의 첫소리 ㄱ, ㄷ은	읽을 때	쓸 때
	된소리인 [ㄲ, ㄸ]으로 소리 나요. 또한 사이시옷은 [ㄷ]으로도 소리 나요. 예 [나무까지] [나묻까지]	사이시옷을 살리고, 원래 글자인 ㄱ, ㄷ을 써요. 예 나뭇가지

맞춤법 연습

	이렇게 소리 나요!	따라 쓰세요!
등굣길	[등교낄] [등굗낄]	등 굣 길
콧구멍	[코꾸멍] [콛꾸멍]	콧 구 멍
바윗돌	[바위똘] [바윋똘]	바 윗 돌

정답 및 해설 16쪽

낱말 바르게 쓰기

1 다음 그림을 보고, 빈칸에 알맞은 받침을 쓰세요.

❶  찻길 (ㅅ)　❷  콧등 (ㅅ)

❸  바윗돌 (ㅅ)　❹  김칫독 (ㅅ)

두 낱말이 합쳐져 새로운 낱말이 될 때, 뒷말의 첫소리 ㄱ, ㄷ이 [ㄲ], [ㄸ]으로 소리 나면 낱말 사이에 ㅅ 받침을 넣어서 씁니다.

문장 속 낱말 바르게 쓰기

2 다음 중 문장의 빈칸에 들어갈 알맞은 낱말을 찾아 쓰세요.

❶ 바닫까 / 바닷가

바닷가에서 수영을 했어요.

❶ '바닷가'는 '바다'와 '가'가 합쳐진 낱말로, 사이에 ㅅ 받침을 넣어서 씁니다.

❷ 뒤따리 / 뒷다리

강아지가 뒷다리를 다쳤어요.

❷ '뒷다리'는 '뒤'와 '다리'가 합쳐진 낱말로, 사이에 ㅅ 받침을 넣어서 씁니다.

문장 바르게 쓰기

3 다음 밑줄 친 낱말을 바르게 고쳐 문장을 다시 쓰세요.

❶ 고긷꾹을 먹어요.

고깃국을 ∨ 먹어요.

❷ 나무까지를 꺾어요.

나뭇가지를 ∨ 꺾어요.

이야기 속 맞춤법 문장 쓰기

찬이는 코를 파는 버릇이 있어요. 만화책을 볼 때도, 숙제를 할 때도 찬이의 손가락은 **코꾸멍**에 들어가 있어요. 할머니가 혀를 끌끌 차며 말씀하셨어요.

"그러다가 돼지코가 된다."

어느 날, **등교낄**에 찬이는 코가 간질간질했어요. 두리번거리다 아이들이 없는 **샌낄**로 갔어요. 찬이는 콧속에 손가락을 넣어 시원하게 코를 쑤셨어요.

그때 찬이가 좋아하는 아름이가 걸어왔어요. 찬이는 코를 파던 손가락으로 잽싸게 코끝을 밀어 돼지코를 만들었어요. 장난을 치고 있었던 것처럼 돼지 흉내를 냈어요. "꿀꿀, 꿀꿀. 아름아, 안녕?"이라고 하면서요.

아름이는 웃지 않았어요. 찬이를 보고 걱정스럽게 말했어요.

"찬아, 괜찮니? 너 코피 나."

문장 바르게 고쳐 쓰기

4 다음 밑줄 친 부분을 바르게 고쳐 문장을 다시 쓰세요.

❶ 어느 날, 등교낄에 찬이는 코가 간질간질했어요.

⇨ 어느 날, 등굣길에 찬이는 코가 간질간질했어요.

'등교'와 '길'이 합쳐진 낱말인 '등굣길'은 ㅅ 받침을 살려 '등굣길'이라고 고쳐 써야 합니다.

❷ 두리번거리다 아이들이 없는 샌낄로 갔어요.

⇨ 두리번거리다 아이들이 없는 샛길로 갔어요.

'샛길'은 '사이'의 준말인 '새'와 '길'이 합쳐진 낱말입니다. ㅅ 받침을 살려 '샛길'이라고 고쳐 써야 합니다.

문장 만들어 쓰기

5 다음 규칙에 맞게 문장을 만들어 쓰세요.

규칙 ① '코꾸멍'을 바르게 고친 말을 넣어서 써요.
② 찬이가 코 파는 버릇을 고치려면 어떻게 하면 좋을지 써요.

예 찬이야, 콧구멍에 손가락을 넣을 때마다 할머니께 백 원을 드린다고 해. 그러면 금방 고칠 거야.

코를 파는 버릇은 보기에 안 좋고 위생에도 좋지 않습니다. 찬이가 나쁜 습관을 고칠 수 있도록 도움이 되는 말을 써 봅니다. '코꾸멍'은 '콧구멍'으로 고쳐서 씁니다.

받아쓰기

듣고 따라 쓰기

정답 및 해설 16쪽

1 낱말 쓰기

❶ 콧등　❷ 찻길　❸ 샛길
❹ 바윗돌　❺ 바닷가　❻ 김칫독

2 문장 쓰기

❶ 고깃국을 ∨ 먹어요.

❷ 뒷다리를 ∨ 다쳤어요.

❸ 나뭇가지를 ∨ 꺾어요.

❹ 바닷가에서 ∨ 수영을 ∨ 했어요.

❺ 찬이는 ∨ 콧구멍에 ∨ 손가락을 ∨ 넣었어요.

❻ 등굣길에 ∨ 찬이는 ∨ 코가 ∨ 간질간질했어요.

16 사이시옷 뒤에서 [ㅃ, ㅆ, ㅉ]으로 소리 나는 말

쏙쏙 맞춤법

	읽을 때	쓸 때
사이시옷 뒤에 오는 글자의 첫소리 ㅂ, ㅅ, ㅈ은	된소리인 [ㅃ, ㅆ, ㅉ]으로 소리 나요. 또한 사이시옷은 [ㄷ]으로도 소리 나요. 예 [초뿔] [촏뿔]	사이시옷을 살리고, 원래 글자인 ㅂ, ㅅ, ㅈ을 써요. 예 촛불

맞춤법 연습

	이렇게 소리 나요!	따라 쓰세요!
빗방울	[비빵울] [빋빵울]	빗 방 울
콧수염	[코쑤염] [콛쑤염]	콧 수 염
아랫집	[아래찝] [아랟찝]	아 랫 집

정답 및 해설 17쪽

날말 바르게 쓰기

1 다음 중 바르게 쓴 낱말에 ○표 하고, 빈칸에 쓰세요.

❶ 초뿔 / (촛불) → 촛 불

❷ (깃발) / 기빨 → 깃 발

❶ '촛불'은 '초'와 '불'이 합쳐진 낱말로, 사이시옷을 살려 '촛불'로 씁니다.
❷ '깃발'은 '기'와 '발'이 합쳐진 낱말로, 사이시옷을 살려 '깃발'로 씁니다.

문장 속 낱말 바르게 쓰기

2 다음 문장의 빈칸에 들어갈 낱말로 알맞은 것에 ○표 하고, 바르게 쓰세요.

❶ 
(빈짜루 / (빗자루))
마당을 빗 자 루 로 쓸어요.

❷ 
((콧수염) / 코쑤염)
삼촌은 콧 수 염 이 잘 어울려요.

❶ '빗자루'는 '비'와 '자루'가 합쳐진 낱말로, 사이시옷을 살려 서 씁니다.
❷ '콧수염'은 '코'와 '수염'이 합쳐진 낱말로, 사이시옷을 살려 서 씁니다.

문장 바르게 쓰기

3 다음 중 바르게 쓴 낱말을 찾아 ○표 하고, 문장을 다시 쓰세요.

❶ (비빵울 / (빗방울))이 떨어져요.

빗 방 울 이 ∨ 떨 어 져 요

❷ 새가 ((날갯짓) / 날개찟)을 해요.

새 가 ∨ 날 갯 짓 을 ∨ 해 요

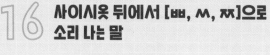

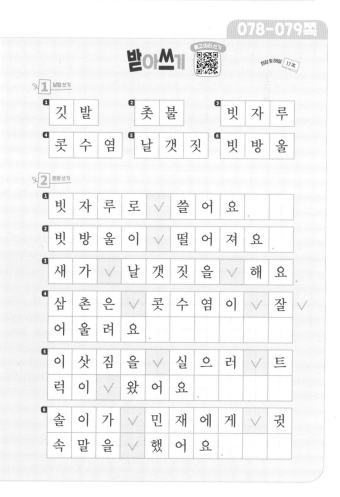

이야기 속 맞춤법 문장 쓰기

이른 아침부터 **이삳찜**을 실으러 트럭이 왔어요. 오늘은 솔이네가 이사 가는 날이거든요. 솔이와 민재는 한집의 1층과 2층에 살았어요. 민재가 엄마에게 물었어요.

"솔이네 이사 가면 **아래찝**엔 누가 살아?"

"할아버지, 할머니 두 분이 이사 오신대."

엄마의 말씀을 듣고, 민재는 마당으로 나갔어요. 그네를 타고 있던 솔이가 민재를 보더니 발딱 일어났어요. 솔이가 민재에게 소곤소곤 **귓속말**을 했어요.

"앵두나무 밑에 우리가 모은 보물 묻어 놨어. 네가 잘 지켜야 돼."

솔이네가 탄 차가 떠났어요. 민재는 차가 보이지 않게 된 뒤에도 **햇볕** 아래에 가만히 서 있었어요. 민재의 눈에 눈물이 그렁그렁 맺혔어요.

문장 바르게 고쳐 쓰기

4 다음 밑줄 친 부분을 바르게 고쳐 문장을 다시 쓰세요.

❶ 이른 아침부터 이삳찜을 실으러 트럭이 왔어요.
'이삳찜'은 '이삿짐'이라고 고쳐 써야 합니다.
→ 이른 아침부터 이삿짐을 실으러 트럭이 왔어요.

❷ 솔이네 이사 가면 아래찝엔 누가 살아?
'아래찝'은 '아랫집'이라고 고쳐 써야 합니다.
→ 솔이네 이사 가면 아랫집엔 누가 살아?

문장 만들어 쓰기

5 다음 중 한 가지를 넣어, 솔이네가 이사 간 날 민재가 일기에 어떤 내용을 썼을지 문장을 쓰세요.

솔이와 민재는 친한 친구 사이입니다. 친구가 이사 갔을 때 어떤 마음이 들지 생각하여 써 봅니다.

귓속말　　햇볕

예 솔이가 이사 가면서 귓속말로 보물을 잘 지키라고 했다. / 솔이네가 떠난 후 햇볕 아래에 서 있을 때 나는 눈물이 날 것 같았다.

받아쓰기

듣고 따라 쓰기

정답 및 해설 17쪽

1 낱말 쓰기

❶ 깃 발　❷ 촛 불　❸ 빗 자 루
❹ 콧 수 염　❺ 날 갯 짓　❻ 빗 방 울

2 문장 쓰기

❶ 빗 자 루 로 ∨ 쓸 어 요
❷ 빗 방 울 이 ∨ 떨 어 져 요
❸ 새 가 ∨ 날 갯 짓 을 ∨ 해 요
❹ 삼 촌 은 ∨ 콧 수 염 이 ∨ 잘 ∨ 어 울 려 요
❺ 이 삿 짐 을 ∨ 실 으 러 ∨ 트 럭 이 ∨ 왔 어 요
❻ 솔 이 가 ∨ 민 재 에 게 ∨ 귓 속 말 을 ∨ 했 어 요

082-083쪽

17 겹받침 ㄳ, ㄵ, ㅄ이 쓰인 말

쏙쏙 맞춤법

	읽을 때	쓸 때
겹받침 ㄳ, ㄵ, ㅄ은	두 자음 중에 주로 앞 자음으로 소리 나요.	ㄳ, ㄵ, ㅄ 받침을 그대로 살려서 써요.

맞춤법 연습

	이렇게 소리 나요!	따라 쓰세요!
몫	[목]	몫
값	[갑]	값
얹고	[언꼬]	얹 고

정답 및 해설 18쪽

낱말 바르게 쓰기

1 다음 그림을 보고, 잘못 쓴 낱말을 찾아 바르게 고쳐 쓰세요.

넋

갑

값

문장 속 낱말 바르게 쓰기

2 다음 중 문장의 빈칸에 들어갈 알맞은 낱말을 찾아 쓰세요.

❶ 갑찐 / 값진 — 미술관에 값 진 작품이 많아요.

❷ 얹고 / 업꼬 — 밥상에 반찬은 없 고 밥만 있어요.

❶ [갑찐]으로 소리 나지만, '값진'이라고 써야 합니다.
❷ [업꼬]로 소리 나지만, '없고'라고 써야 합니다.

문장 바르게 쓰기

3 다음 중 바르게 쓴 낱말을 찾아 ○표 하고, 문장을 다시 쓰세요.

❶ 짐을 (얹고 / 언꼬) 있어요.

짐 을 ∨ 얹 고 ∨ 있 어 요 .

❷ 의자에 (안꼬 / 앉고) 싶어요.

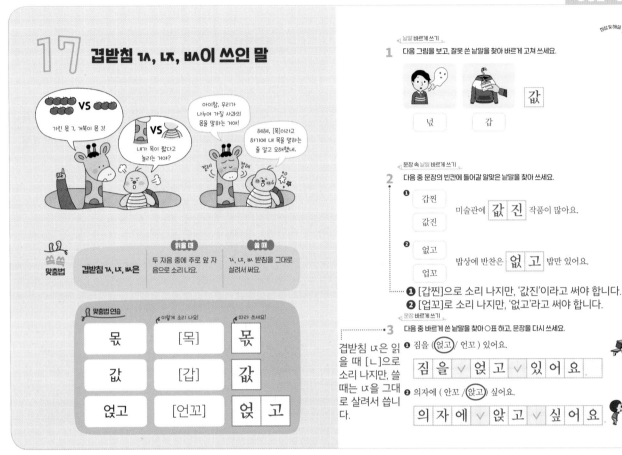

의 자 에 ∨ 앉 고 ∨ 싶 어 요 .

겹받침 ㄵ은 읽을 때 [ㄴ]으로 소리 나지만, 쓸 때는 ㄵ을 그대로 살려서 씁니다.

084-085쪽

이야기 속 맞춤법 문장 쓰기

먼 옛날, 드넓은 땅에 인디언 마을이 있었어요. 어느 날 인디언 마을이 들썩였어요.

"사냥 나갔던 어른들이 돌아와요!"

호타가 마을 입구에서 뿔피리*를 불며 외쳤어요. 마을의 남자 어른들이 커다란 들소를 잡아 왔어요.

마을 사람들이 한자리에 모여 **가엾은** 들소를 위해 기도했어요.

'우리에게 고기를 주어서 고마워. 바람을 따라 부디 좋은 곳으로 가렴.'

사냥한 동물의 고기는 똑같이 나누었어요. 호타도 자기 **목**을 받았어요. 어른과 아이가 **둘러안자** 고기를 먹었어요. 호타는 사냥에 앞장선 아버지처럼 용맹한 어른이 되겠다고 다짐했어요.

*뿔피리: 뿔로 만든 피리.

문장 바르게 고쳐 쓰기

4 다음 밑줄 친 부분을 바르게 고쳐 문장을 다시 쓰세요.

❶ 호타도 자기 목을 받았어요.

⇨ 호타도 자기 몫을 받았어요.

❷ 어른과 아이가 둘러안자 고기를 먹었어요.

⇨ 어른과 아이가 둘러앉아 고기를 먹었어요.

'둘러안자'는 '여럿이 동그랗게 앉아.'를 뜻하는 '둘러앉아'를 소리 나는 대로 쓴 것입니다. '둘러앉아'라고 고쳐 써야 합니다.

이 글을 읽고 기억에 남거나 재미있는 부분을 떠올려 자신의 생각과 느낌을 써 봅니다.

문장 만들어 쓰기

5 다음 중 한 가지를 넣어, 이 글을 읽고 떠오른 생각이나 느낌을 문장으로 쓰세요.

가엾은　　둘러앉아

예 인디언 마을 사람들이 가엾은 들소를 위해 기도하는 모습이 기억에 남는다. / 어른과 아이가 둘러앉아 고기를 먹는 모습이 기억에 남는다.

받아쓰기

듣고 따라 쓰기

정답 및 해설 18쪽

1 낱말 쓰기

❶ 값 진　❷ 얹 고　❸ 가 엾 은

2 문장 쓰기

❶ 짐 을 ∨ 얹 고 ∨ 있 어 요 .

❷ 의 자 에 ∨ 앉 고 ∨ 싶 어 요 .

❸ 미 술 관 에 ∨ 값 진 ∨ 작 품 이 ∨ 많 아 요 .

❹ 가 엾 은 ∨ 들 소 를 ∨ 위 해 ∨ 기 도 했 어 요 .

❺ 모 두 ∨ 둘 러 앉 아 ∨ 고 기 를 ∨ 먹 었 어 요 .

❻ 밥 상 에 ∨ 반 찬 은 ∨ 없 고 ∨ 밥 만 ∨ 있 어 요 .

18 겹받침 ㄼ, ㄾ이 쓰인 말

쏙쏙 맞춤법

	읽을 때	쓸 때
겹받침 ㄼ, ㄾ은	두 자음 중에 주로 앞 자음인 [ㄹ]로 소리 나요.	ㄼ, ㄾ 받침을 그대로 살려서 써요.

맞춤법 연습

	이렇게 소리 나요!	따라 쓰세요!
여덟	[여덜]	여 덟
넓게	[널께]	넓 게
핥다	[할따]	핥 다

정답 및 해설 19쪽

낱말 바르게 쓰기

1 다음 그림을 보고, 잘못 쓴 낱말을 찾아 바르게 고쳐 쓰세요.

할따

옅다

핥 다

문장 속 낱말 바르게 쓰기

2 다음 문장의 빈칸에 들어갈 알맞은 낱말을 보기에서 찾아 쓰세요.

보기 떨븐 떫은 밟아 발바

❶ 감이 덜 익어 떫 은 맛이 나요. *쓰고 텁텁한.

ㄼ에서 ㄹ이 남고 ㅂ이 뒤로 넘어가서 [떨븐]으로 소리 나지만, '떫은'이라고 씁니다.

❷ 빈 깡통을 발로 밟 아 납작하게 만들었어요.

ㄼ에서 ㄹ이 남고 ㅂ이 뒤로 넘어가서 [발바]로 소리 나지만, '밟아'라고 씁니다.

문장 바르게 쓰기

3 다음 중 바르게 쓴 낱말을 찾아 ○표 하고, 문장을 다시 쓰세요.

❶ 머리를 (짧게 / 짤께) 잘라요.

머 리 를 ∨ 짧 게 ∨ 잘 라 요

❶ [짤께]로 읽지만, '짧게'라고 씁니다.

❷ 모양이 (얄꼬 / 얇고) 길어요.

모 양 이 ∨ 얇 고 ∨ 길 어 요

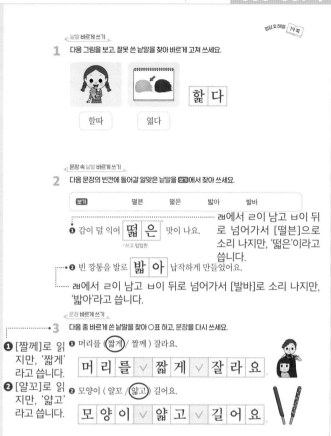

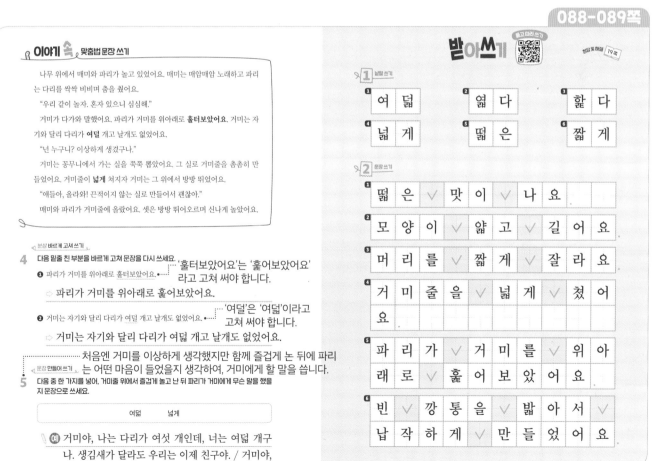

❷ [얄꼬]로 읽지만, '얇고'라고 씁니다.

이야기 속 맞춤법 문장 쓰기

나무 위에서 매미와 파리가 놀고 있었어요. 매미는 매암매암 노래하고 파리는 다리를 싹싹 비비며 춤을 췄어요.

"우리 같이 놀자. 혼자 있으니 심심해."

거미가 다가와 말했어요. 파리가 거미를 위아래로 **훌터보았어요**. 거미는 자기와 달리 다리가 **여덜** 개고 날개도 없었어요.

"넌 누구니? 이상하게 생겼구나."

거미는 꽁무니에서 가는 실을 쭉쭉 뽑았어요. 그 실로 거미줄을 촘촘히 만들었어요. 거미줄이 **넓게** 쳐지자 거미는 그 위에서 방방 뛰었어요.

"얘들아, 올라와! 끈적이지 않는 실로 만들어서 괜찮아."

매미와 파리가 거미줄에 올랐어요. 셋은 방방 뛰어오르며 신나게 놀았어요.

문장 바르게 고쳐 쓰기

4 다음 밑줄 친 부분을 바르게 고쳐 문장을 다시 쓰세요.

❶ 파리가 거미를 위아래로 훌터보았어요.

'훌터보았어요'는 '훑어보았어요'라고 고쳐 써야 합니다.

⇨ 파리가 거미를 위아래로 훑어보았어요.

❷ 거미는 자기와 달리 다리가 여덜 개고 날개도 없었어요.

'여덜'은 '여덟'이라고 고쳐 써야 합니다.

⇨ 거미는 자기와 달리 다리가 여덟 개고 날개도 없었어요.

문장 만들어 쓰기

5 다음 중 한 가지를 넣어, 거미줄 위에서 즐겁게 놀고 난 뒤 파리가 거미에게 무슨 말을 했을지 문장으로 쓰세요.

처음엔 거미를 이상하게 생각했지만 함께 즐겁게 논 뒤에 파리는 어떤 마음이 들었을지 생각하여, 거미에게 할 말을 씁니다.

여덟 넓게

예 거미야, 나는 다리가 여섯 개인데, 너는 여덟 개구나. 생김새가 달라도 우리는 이제 친구야. / 거미야, 네가 거미줄을 넓게 쳐 준 덕분에 신나게 놀았어.

받아쓰기

불러 주는 대로 쓰기

정답 및 해설 19쪽

1 낱말 쓰기

❶ 여 덟

❷ 옮 다

❸ 핥 다

❹ 넓 게

❺ 떫 은

❻ 짧 게

2 문장 쓰기

❶ 떫 은 ∨ 맛 이 ∨ 나 요

❷ 모 양 이 ∨ 얇 고 ∨ 길 어 요

❸ 머 리 를 ∨ 짧 게 ∨ 잘 라 요

❹ 거 미 줄 을 ∨ 넓 게 ∨ 쳤 어 요

❺ 파 리 가 ∨ 거 미 를 ∨ 위 아 래 로 ∨ 훑 어 보 았 어 요

❻ 빈 ∨ 깡 통 을 ∨ 밟 아 서 ∨ 납 작 하 게 ∨ 만 들 었 어 요

19 겹받침 ㄺ, ㄻ, ㄿ이 쓰인 말

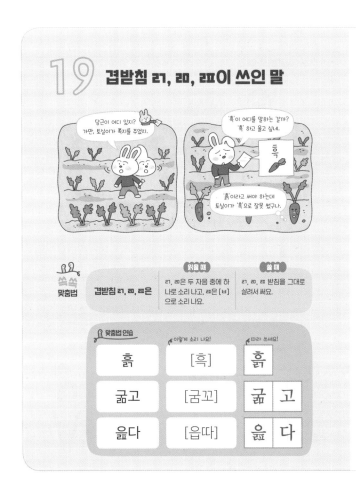

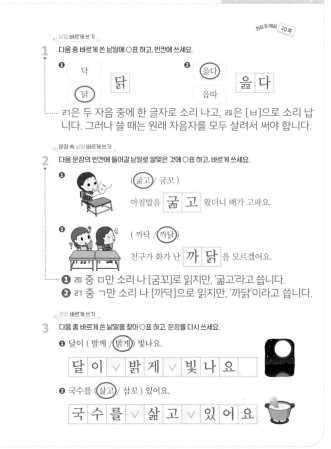

쏙쏙 맞춤법	읽을 때	쓸 때
겹받침 ㄺ, ㄻ, ㄿ은	ㄺ, ㄻ은 두 자음 중에 하나로 소리 나고, ㄿ은 [ㅂ]으로 소리 나요.	ㄺ, ㄻ, ㄿ 받침을 그대로 살려서 써요.

맞춤법 연습

	이렇게 소리 나요!	따라 쓰세요!
흙	[흑]	흙
굶고	[굼꼬]	굶 고
읊다	[읍따]	읊 다

정답 및 해설 20쪽

낱말 바르게 쓰기

1 다음 중 바르게 쓴 낱말에 ○표 하고, 빈칸에 쓰세요.

❶ 닥 / (닭) → 닭

❷ (읊다) / 읍따 → 읊 다

ㄺ은 두 자음 중에 한 글자로 소리 나고, ㄿ은 [ㅂ]으로 소리 납니다. 그러나 쓸 때는 원래 자음자를 모두 살려서 써야 합니다.

문장 속 낱말 바르게 쓰기

2 다음 문장의 빈칸에 들어갈 낱말로 알맞은 것에 ○표 하고, 바르게 쓰세요.

❶ ((굶고) / 굼꼬)
아침밥을 굶 고 왔더니 배가 고파요.

❷ (까닥 / (까닭))
친구가 화가 난 까 닭 을 모르겠어요.

❶ ㄻ 중 ㅁ만 소리 나 [굼꼬]로 읽지만, '굶고'라고 씁니다.
❷ ㄺ 중 ㄱ만 소리 나 [까닥]으로 읽지만, '까닭'이라고 씁니다.

문장 바르게 쓰기

3 다음 중 바르게 쓴 낱말을 찾아 ○표 하고, 문장을 다시 쓰세요.

❶ 달이 (발께 / (밝게)) 빛나요.
달이 ∨ 밝게 ∨ 빛나요.

❷ 국수를 ((삶고) / 삼꼬) 있어요.
국수를 ∨ 삶고 ∨ 있어요.

이야기 속 맞춤법 문장 쓰기

갑자기 빗방울이 후드득 떨어졌어요. 땅의 **흙**이 촉촉이 젖었지요. 무지개 마을의 강이, 산이, 누리는 우비를 입고 장화를 신었어요.

"우비 소년단 출동!"

강이가 옥상에 빨래를 그대로 널어놓은 집을 보았어요. 목소리가 큰 강이는 집 앞에서 "빨래 걷으세요!" 하고 쩌렁쩌렁 외쳤어요.

걸음이 빠른 산이는 길을 걷는 꼬마의 앞을 막아섰어요. 덕분에 꼬마는 차가 튀기는 **흙탕물**을 맞지 않았지요.

눈이 좋은 막내 누리는 물웅덩이에서 허우적대는 개미를 발견했어요. 누리는 개미를 건져 풀잎 아래로 **옮겨** 주었어요.

소나기가 그치고 하늘이 **맑게** 갰어요. 우비 소년단은 오늘도 임무* 완료!

*임무: 맡은 일. 또는 맡겨진 일.

문장 바르게 고쳐 쓰기

4 다음 밑줄 친 부분을 바르게 고쳐 문장을 다시 쓰세요.

❶ 꼬마는 차가 튀기는 흑탕물을 맞지 않았지요. — '흑탕물'은 '흙탕물'이라고 고쳐 써야 합니다.
⇨ 꼬마는 차가 튀기는 흙탕물을 맞지 않았지요.

❷ 누리는 개미를 건져 풀잎 아래로 옴겨 주었어요. — '옴겨'는 '옮겨'라고 고쳐 써야 합니다.
⇨ 누리는 개미를 건져 풀잎 아래로 옮겨 주었어요.

문장 만들어 쓰기

5 다음 중 한 가지를 넣어, 우비 소년단에게 하고 싶은 말을 문장으로 쓰세요.

흙 흙탕물 맑게

예 산이야, 꼬마가 흙탕물을 맞지 않게 해 주어 고마워. / 우비 소년단아, 다른 사람을 도운 뒤 맑게 갠 하늘을 보았을 때 마음이 뿌듯했겠구나.

우비 소년단은 빨래가 비에 흠뻑 젖기 전에 소리쳤고, 꼬마가 흙탕물을 맞지 않게 막아섰으며, 물웅덩이에 빠진 개미를 건져 살려 주었습니다. 이러한 행동을 생각하여 우비 소년단에게 하고 싶은 말을 씁니다.

받아쓰기

듣고 따라 쓰기

정답 및 해설 20쪽

1 낱말 쓰기

❶ 읊다 ❷ 맑게 ❸ 밝게
❹ 굶고 ❺ 옮겨 ❻ 흙탕물

2 문장 쓰기

❶ 달이 ∨ 밝게 ∨ 빛나요.
❷ 까닭을 ∨ 모르겠어요.
❸ 국수를 ∨ 삶고 ∨ 있어요.
❹ 아침밥을 ∨ 굶고 ∨ 왔더니 ∨ 배가 ∨ 고파요.
❺ 땅의 ∨ 흙이 ∨ 촉촉이 ∨ 젖었지요.
❻ 개미를 ∨ 풀잎 ∨ 아래로 ∨ 옮겨 ∨ 주었어요.

정답 및 해설 21쪽

20 겹받침 ㄶ, ㅀ이 쓰인 말

바울아, 어제 놀이터에
못 가서 미안해.
아라서 몸이 아팠어.
- 다온이가
엄마, 아라서
몸이 아팠다는 게
무슨 뜻이에요?
다온이가 '앓아서' 몸이
아팠다는 말인 것 같아.

쏙쏙 맞춤법

	읽을 때	쓸 때
겹받침 ㄶ, ㅀ은	두 자음 중에 주로 앞 자음으로 소리 나요. ㅎ은 뒤 글자와 합해지거나 사라져요.	ㄶ, ㅀ 받침을 그대로 살려서 써요.

맞춤법 연습

	이렇게 소리 나요!	따라 쓰세요!
끓다	[끌타]	끓 다
뚫다	[뚤타]	뚫 다
괜찮아	[괜차나]	괜 찮 아

낱말 바르게 쓰기

1 다음 그림을 보고, 잘못 쓴 낱말을 찾아 바르게 고쳐 쓰세요.

뚫다 끈타 → 끊 다

ㄶ, ㅀ은 두 자음 중에 주로 앞 자음으로 읽습니다. 그러나 쓸 때는 두 자음자를 모두 살려서 써야 합니다.

문장 속 낱말 바르게 쓰기

2 다음 문장의 빈칸에 들어갈 알맞은 낱말을 보기에서 찾아 쓰세요.

보기 안는 않는 아라서 앓아서

❶ 입지 않 는 옷을 동생에게 주었어요.

❷ 감기를 앓 아 서 입맛이 사라졌어요.

❶ [안는]으로 소리 나지만, '않는'이라고 씁니다.
❷ [아라서]로 소리 나지만, '앓아서'라고 씁니다.

문장 바르게 쓰기

3 다음 중 바르게 쓴 낱말을 찾아 ○표 하고, 문장을 다시 쓰세요.

❶ 물이 (끌코 / (끓고)) 있어요.

물 이 ∨ 끓 고 ∨ 있 어 요 .

❷ 꽃집에 꽃이 ((많아요) / 마나요).

꽃 집 에 ∨ 꽃 이 ∨ 많 아 요 .

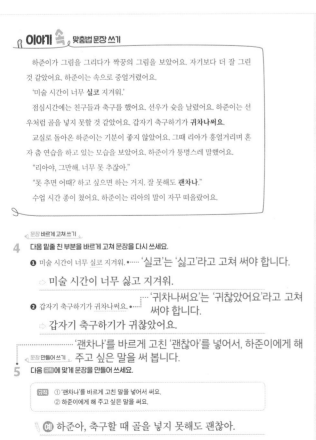

이야기 속 맞춤법 문장 쓰기

하준이가 그림을 그리다가 짝꿍의 그림을 보았어요. 자기보다 더 잘 그린 것 같았어요. 하준이는 속으로 중얼거렸어요.

'미술 시간이 너무 **실코** 지겨워.'

점심시간에는 친구들과 축구를 했어요. 선우가 슛을 날렸어요. 하준이는 선우처럼 골을 넣지 못할 것 같았어요. 갑자기 축구하기가 **귀차나써요.**

교실로 돌아온 하준이는 기분이 좋지 않았어요. 그때 리아가 흥얼거리며 혼자 춤 연습을 하고 있는 모습을 보았어요. 하준이가 퉁명스레 말했어요.

"리아야, 그만해. 너무 못 추잖아."

"못 추면 어때? 하고 싶으면 하는 거지. 잘 못해도 **괜차나.**"

수업 시간 종이 쳤어요. 하준이는 리아의 말이 자꾸 떠올랐어요.

문장 바르게 고쳐 쓰기

4 다음 밑줄 친 부분을 바르게 고쳐 문장을 다시 쓰세요.

❶ 미술 시간이 너무 실코 지겨워. ····· '실코'는 '싫고'라고 고쳐 써야 합니다.

⇨ 미술 시간이 너무 싫고 지겨워.

❷ 갑자기 축구하기가 귀차나써요. ····· '귀차나써요'는 '귀찮았어요'라고 고쳐 써야 합니다.

⇨ 갑자기 축구하기가 귀찮았어요.

'괜차나'를 바르게 고친 '괜찮아'를 넣어서, 하준이에게 해 주고 싶은 말을 써 봅니다.

문장 만들어 쓰기

5 다음 규칙에 맞게 문장을 만들어 쓰세요.

규칙 ① '괜차나'를 바르게 고친 말을 넣어서 써요.
② 하준이에게 해 주고 싶은 말을 써요.

예 하준아, 축구할 때 골을 넣지 못해도 괜찮아.

받아쓰기

듣고 따라 쓰기

정답 및 해설 21쪽

1 낱말 쓰기

❶ 끓 다
❷ 뚫 다
❸ 끊 고
❹ 괜 찮 아
❺ 많 아 요

2 문장 쓰기

❶ 물 이 ∨ 끓 고 ∨ 있 어 요 .
❷ 잘 ∨ 못 해 도 ∨ 괜 찮 아 .
❸ 꽃 집 에 ∨ 꽃 이 ∨ 많 아 요 .
❹ 미 술 ∨ 시 간 이 ∨ 너 무 ∨ 싫 고 ∨ 지 겨 워 .
❺ 감 기 를 ∨ 앓 아 서 ∨ 입 맛 이 ∨ 사 라 졌 어 요 .
❻ 입 지 ∨ 않 는 ∨ 옷 을 ∨ 동 생 에 게 ∨ 주 었 어 요 .

따라 쓰기

예시 답안

1장 따라 쓰기

01 뒤 글자의 ㄹ이 [ㄴ]으로 소리 나는 말

• 다음 글을 '뒤 글자의 ㄹ이 [ㄴ]으로 소리 나는 말'에 유의하며 읽고 따라 쓰세요.

14쪽

쓰레기를 치우고 주변을 **정리**하던 아람이가 작게 소리를 질렀어요. 풀숲 사이에 놓인 커다란 알을 발견한 거예요.

"**공룡**의 알인가 봐."

	쓰	레	기	를	∨	치	우	고	∨
주	변	을	∨	정	리	하	던	∨	아
람	이	가	∨	작	게	∨	소	리	를
질	렀	어	요	.	풀	숲	∨	사	이
에	∨	놓	인	∨	커	다	란	∨	알
을	∨	발	견	한	∨	거	예	요	.
	"	공	룡	의	∨	알	인	가	∨
	봐	."							

02 받침이 [ㄴ]으로 소리 나는 말

• 다음 글을 '받침이 [ㄴ]으로 소리 나는 말'에 유의하며 읽고 따라 쓰세요.

18쪽

"여기는 미래가 아닌 것 같아. 어디로 온 거야?"

동우가 **묻는** 말에 젤라뭉이 대답했어요.

"왜 **옛날**로 왔지? 시간 여행 단추가 고장 났나 봐."

	"	여	기	는	∨	미	래	가	∨
	아	닌	∨	것	∨	같	아	.	어
	디	로	∨	온	∨	거	야	?	"
	동	우	가	∨	묻	는	∨	말	에
젤	라	뭉	이	∨	대	답	했	어	요
	"	왜	∨	옛	날	로	∨	왔	지
	?	∨	시	간	∨	여	행	∨	단
	추	가	∨	고	장	∨	났	나	∨
	봐	."							

03 뒤 글자의 ㄴ이 [ㄹ]로 소리 나는 말

• 다음 글을 '뒤 글자의 ㄴ이 [ㄹ]로 소리 나는 말'에 유의하며 읽고 따라 쓰세요.

22쪽

설날 연휴에 주원이네 가족은 물놀이 공원에 갔어요. 주원이는 파도가 치는 **실내** 수영장에서 놀았어요. 출렁거리는 파도를 타는 것이 재미있었지요.

	설	날	∨	연	휴	에	∨	주	원
이	네	∨	가	족	은	∨	물	놀	이
공	원	에	∨	갔	어	요	.	주	원
이	는	∨	파	도	가	∨	치	는	∨
실	내	∨	수	영	장	에	서	∨	놀
았	어	요	.	출	렁	거	리	는	∨
파	도	를	∨	타	는	∨	것	이	∨
재	미	있	었	지	요	.			

04 ㄴ 받침이 [ㄹ]로 소리 나는 말

• 다음 글을 'ㄴ 받침이 [ㄹ]로 소리 나는 말'에 유의하며 읽고 따라 쓰세요.

26쪽

"**원래** 산길을 잘 아는데 오늘은 토끼를 쫓다가 길을 잃었어요. 그런데 할아버지 집은 어디예요?"

"내 집은 **한라산**이란다."

	"	원	래	∨	산	길	을	∨	잘
	아	는	데	∨	오	늘	은	∨	토
	끼	를	∨	쫓	다	가	∨	길	을
	잃	었	어	요	.	그	런	데	∨
	할	아	버	지	∨	집	은	∨	어
	디	예	요	?	"				
	"	내	∨	집	은	∨	한	라	산
	이	란	다	."					

05 ㅂ 받침이 [ㅁ]으로 소리 나는 말

• 다음 글을 'ㅂ 받침이 [ㅁ]으로 소리 나는 말'에 유의하며 읽고 따라 쓰세요.

30쪽

엄마는 내가 안 **입는** 옷을 펼쳐 놓고 사진을 찍으셨어요. 그리고 사용하던 물건을 싼값에 사고파는 온라인 장터에 글과 사진을 올리셨어요.

어린이 옷 **팝니다**.

	엄	마	는	∨	내	가	∨	안	∨
입	는	∨	옷	을	∨	펼	쳐	∨	놓
고	∨	사	진	을	∨	찍	으	셨	어
요		그	리	고	∨	사	용	하	던∨
물	건	을	∨	싼	값	에	∨	사	고
파	는	∨	온	라	인	∨	장	터	에∨
글	과	∨	사	진	을	∨	올	리	셨
어	요								
	어	린	이	∨	옷	∨	팝	니	다

06 ㅍ 받침이 [ㅁ]으로 소리 나는 말

• 다음 글을 'ㅍ 받침이 [ㅁ]으로 소리 나는 말'에 유의하며 읽고 따라 쓰세요.

34쪽

늦잠을 잔 오소리는 꼴찌로 도착했어요. **앞마당**에 동물들이 길게 줄을 서 있었지요. 줄의 맨 끝에 서자 다른 동물들의 **앞모습**은 보이지 않고 뒷모습만 보였어요.

	늦	잠	을	∨	잔	∨	오	소	리
는	∨	꼴	찌	로	∨	도	착	했	어
요		앞	마	당	에	∨	동	물	들
이	∨	길	게	∨	줄	을	∨	서	∨
있	었	지	요		줄	의	∨	맨	∨
끝	에	∨	서	자	∨	다	른	∨	동
물	들	의	∨	앞	모	습	은	∨	보
이	지	∨	않	고	∨	뒷	모	습	만∨
보	였	어	요						

07 ㄴ 앞에서 받침이 [ㅇ]으로 소리 나는 말

• 다음 글을 'ㄴ 앞에서 받침이 [ㅇ]으로 소리 나는 말'에 유의하며 읽고 따라 쓰세요.

38쪽

올겨울은 **작년** 겨울보다 눈이 많이 내렸어요. 눈이 내린 날이면 은호는 공원으로 달려갔어요. 휴대 전화 카메라로 사진 **찍는** 것을 좋아하거든요.

	올	겨	울	은	∨	작	년	∨	겨
울	보	다	∨	눈	이	∨	많	이	∨
내	렸	어	요		눈	이	∨	내	린∨
날	이	면	∨	은	호	는	∨	공	원
으	로	∨	달	려	갔	어	요		휴
대	∨	전	화	∨	카	메	라	로	∨
사	진	∨	찍	는	∨	것	을	∨	좋
아	하	거	든	요					

08 ㅁ 앞에서 받침이 [ㅇ]으로 소리 나는 말

• 다음 글을 'ㅁ 앞에서 받침이 [ㅇ]으로 소리 나는 말'에 유의하며 읽고 따라 쓰세요.

42쪽

나는 놀이공원에 있는 **회전목마**예요. 신나는 음악이 나오면 사람들을 태우고 빙빙 돌아요.

나는 나를 탄 사람의 **속마음**을 알 수 있어요.

	나	는	∨	놀	이	공	원	에	∨
있	는	∨	회	전	목	마	예	요	
신	나	는	∨	음	악	이	∨	나	오
면	∨	사	람	들	을	∨	태	우	고∨
빙	빙	∨	돌	아	요				
	나	는	∨	나	를	∨	탄	∨	사
람	의	∨	속	마	음	을	∨	알	∨
수	∨	있	어	요					

2장 따라 쓰기

09 받침 ㄷ이 [ㅈ]으로 소리 나는 말

• 다음 글을 '받침 ㄷ이 [ㅈ]으로 소리 나는 말'에 유의하며 읽고 따라 쓰세요.

48쪽

가을이 왔어요. 마을 사람들은 **가을걷이**로 바빴어요. 게으름뱅이는 일하러 가기가 귀찮았어요. **여닫이창**을 열어 놓고 집에만 있었어요.

	가	을	이	∨	왔	어	요	.	마	
을	∨	사	람	들	은	∨	가	을	걷	
이	로	∨	바	빴	어	요	.	게	으	
름	뱅	이	는	∨	일	하	러	∨	가	
기	가	∨	귀	찮	았	어	요	.	여	
닫	이	창	을	∨	열	어	∨	놓	고	∨
집	에	만	∨	있	었	어	요	.		

10 받침 ㅌ이 [ㅊ]으로 소리 나는 말

• 다음 글을 '받침 ㅌ이 [ㅊ]으로 소리 나는 말'에 유의하며 읽고 따라 쓰세요.

52쪽

"탐정님, **가마솥이** 없어졌어요. 범인을 잡아 주세요."

탐정은 해가 져서 **바깥이** 어두워질 때까지 할머니 집 마당을 조사했어요.

	"	탐	정	님	,	가	마	솥	이	∨
	없	어	졌	어	요	.	범	인	을	∨
	잡	아	∨	주	세	요	."			
	탐	정	은	∨	해	가	∨	져	서	∨
바	깥	이	∨	어	두	워	질	∨	때	
까	지	∨	할	머	니	∨	집	∨	마	
당	을	∨	조	사	했	어	요	.		

11 받침 ㅎ을 만나 거센소리로 나는 말

• 다음 글을 '받침 ㅎ을 만나 거센소리로 나는 말'에 유의하며 읽고 따라 쓰세요.

56쪽

학교 앞에 솜사탕 가게가 생겼어요. 주인 아저씨는 통 안에 설탕을 **넣고** 막대기를 빙빙 돌렸어요. 하얀 실 같은 것이 칭칭 감겨 **둥그렇게** 솜사탕이 만들어졌어요.

	학	교	∨	앞	에	∨	솜	사	탕	∨
가	게	가	∨	생	겼	어	요	.	주	
인	∨	아	저	씨	는	∨	통	∨	안	
에	∨	설	탕	을	∨	넣	고	∨	막	
대	기	를	∨	빙	빙	∨	돌	렸	어	
요	.	하	얀	∨	실	∨	같	은	∨	
것	이	∨	칭	칭	∨	감	겨	∨	둥	
그	렇	게	∨	솜	사	탕	이	∨	만	
들	어	졌	어	요	.					

12 뒤 글자의 ㅎ을 만나 거센소리로 나는 말

• 다음 글을 '뒤 글자의 ㅎ을 만나 거센소리로 나는 말'에 유의하며 읽고 따라 쓰세요.

60쪽

그러던 어느 날, 괴물이 **닫힌** 교문을 부수고 들어왔다. 코뿔소처럼 생긴 초록색 괴물이었다. 내가 괴물에게 **먹히려고** 할 때 이안이가 구해 줬다.

	그	러	던	∨	어	느	∨	날	,	
괴	물	이	∨	닫	힌	∨	교	문	을	∨
부	수	고	∨	들	어	왔	다	.	코	
뿔	소	처	럼	∨	생	긴	∨	초	록	
색	∨	괴	물	이	었	다	.	내	가	∨
괴	물	에	게	∨	먹	히	려	고	∨	
할	∨	때	∨	이	안	이	가	∨	구	
해	∨	줬	다	.						

13 두 낱말이 합쳐질 때 [ㄴ] 소리가 덧나는 말

• 다음 글을 '두 낱말이 합쳐질 때 [ㄴ] 소리가 덧나는 말'에 유의하며 읽고 따라 쓰세요.

66쪽

솜이불을 덮고 끙끙 앓았어요. 고릴라는 숲속 약국에 갔어요. 부엉이 약사에게 머리가 너무 아프다고 말했어요.

"이 **두통약**을 먹으면 나을 거예요."

	솜	이	불	을	∨	덮	고	∨	끙
끙	∨	앓	았	어	요	.	고	릴	라
는	∨	숲	속	∨	약	국	에	∨	갔
어	요	.	부	엉	이	∨	약	사	에
게	∨	머	리	가	∨	너	무	∨	아
프	다	고	∨	말	했	어	요	.	
	"	이	∨	두	통	약	을	∨	먹
	으	면	∨	나	을	∨	거	예	요
	".								

14 두 낱말이 합쳐질 때 [ㄹ] 소리가 덧나는 말

• 다음 글을 '두 낱말이 합쳐질 때 [ㄹ] 소리가 덧나는 말'에 유의하며 읽고 따라 쓰세요.

70쪽

나그네가 빠른 걸음으로 여우 고개를 넘어가고 있었어요.

'오늘 밤에 **별일** 없겠지?'

걸을 때마다 서걱서걱 **풀잎** 스치는 소리가 들렸어요.

	나	그	네	가	∨	빠	른	∨	걸
음	으	로	∨	여	우	∨	고	개	를 ∨
넘	어	가	고	∨	있	었	어	요	.
	'	오	늘	∨	밤	에	∨	별	일 ∨
	없	겠	지	?	'				
	걸	을	∨	때	마	다	∨	서	걱
서	걱	∨	풀	잎	∨	스	치	는	∨
소	리	가	∨	들	렸	어	요	.	

15 사이시옷 뒤에서 [ㄲ, ㄸ]으로 소리 나는 말

• 다음 글을 '사이시옷 뒤에서 [ㄲ]으로 소리 나는 말'에 유의하며 읽고 따라 쓰세요.

74쪽

어느 날, **등굣길**에 찬이는 코가 간질간질했어요. 두리번거리다 아이들이 없는 **샛길**로 갔어요. 찬이는 콧속에 손가락을 넣어 시원하게 코를 쑤셨어요.

	어	느	∨	날	,	등	굣	길	에 ∨
찬	이	는	∨	코	가	∨	간	질	간
질	했	어	요	.	두	리	번	거	리
다	∨	아	이	들	이	∨	없	는	∨
샛	길	로	∨	갔	어	요	.	찬	이
는	∨	콧	속	에	∨	손	가	락	을 ∨
넣	어	∨	시	원	하	게	∨	코	를 ∨
쑤	셨	어	요	.					

16 사이시옷 뒤에서 [ㅃ, ㅆ, ㅉ]으로 소리 나는 말

• 다음 글을 '사이시옷 뒤에서 [ㅉ]으로 소리 나는 말'에 유의하며 읽고 따라 쓰세요.

78쪽

이른 아침부터 **이삿짐**을 실으러 트럭이 왔어요. 오늘은 솔이네가 이사 가는 날이거든요. 민재가 엄마에게 물었어요.

"솔이네 이사 가면 **아랫집**엔 누가 살아?"

	이	른	∨	아	침	부	터	∨	이
삿	짐	을	∨	실	으	러	∨	트	럭
이	∨	왔	어	요	.	오	늘	은	∨
솔	이	네	가	∨	이	사	∨	가	는 ∨
날	이	거	든	요	.	민	재	가	∨
엄	마	에	게	∨	물	었	어	요	.
	"	솔	이	네	∨	이	사	∨	가
	면	∨	아	랫	집	엔	∨	누	가 ∨
	살	아	?	"					

17 겹받침 ㄳ, ㄵ, ㅄ이 쓰인 말

- 다음 글을 '겹받침 ㄳ, ㄵ이 쓰인 말'에 유의하며 읽고 따라 쓰세요.

84쪽

'바람을 따라 부디 좋은 곳으로 가렴.'

사냥한 동물의 고기는 똑같이 나누었어요. 호타도 자기 **몫**을 받았어요. 어른과 아이가 **둘러앉아** 고기를 먹었어요.

	‘	바	람	을	√	따	라	√	부
	디	√	좋	은	√	곳	으	로	√
	가	렴	.’						
	사	냥	한	√	동	물	의	√	고
기	는	√	똑	같	이	√	나	누	었
어	요	.	호	타	도	√	자	기	√
몫	을	√	받	았	어	요	.	어	른
과	√	아	이	가	√	둘	러	앉	아 √
고	기	를	√	먹	었	어	요	.	

18 겹받침 ㄼ, ㄾ이 쓰인 말

- 다음 글을 '겹받침 ㄼ, ㄾ이 쓰인 말'에 유의하며 읽고 따라 쓰세요.

88쪽

파리가 거미를 위아래로 **훑어보았어요**. 거미는 자기와 달리 다리가 **여덟** 개고 날개도 없었어요.

"넌 누구니? 이상하게 생겼구나."

	파	리	가	√	거	미	를	√	위
아	래	로	√	훑	어	보	았	어	요 √
거	미	는	√	자	기	와	√	달	리 √
다	리	가	√	여	덟	√	개	고	√
날	개	도	√	없	었	어	요	.	
	“	넌	√	누	구	니	?	√	이
	상	하	게	√	생	겼	구	나	.”

19 겹받침 ㄺ, ㄻ, ㄿ이 쓰인 말

- 다음 글을 '겹받침 ㄺ, ㄻ이 쓰인 말'에 유의하며 읽고 따라 쓰세요.

92쪽

눈이 좋은 막내 누리는 물웅덩이에서 허우적대는 개미를 발견했어요. 누리는 개미를 건져 풀잎 아래로 **옮겨** 주었어요.

소나기가 그치고 하늘이 **맑게** 갰어요.

	눈	이	√	좋	은	√	막	내	√
누	리	는	√	물	웅	덩	이	에	서 √
허	우	적	대	는	√	개	미	를	√
발	견	했	어	요	.	누	리	는	√
개	미	를	√	건	져	√	풀	잎	√
아	래	로	√	옮	겨	√	주	었	어
요	.								
	소	나	기	가	√	그	치	고	√
하	늘	이	√	맑	게	√	갰	어	요 .

20 겹받침 ㄶ, ㅀ이 쓰인 말

- 다음 글을 '겹받침 ㄶ, ㅀ이 쓰인 말'에 유의하며 읽고 따라 쓰세요.

96쪽

'미술 시간이 너무 **싫고** 지겨워.'

점심시간에는 친구들과 축구를 했어요. 선우가 슛을 날렸어요. 하준이는 갑자기 축구하기가 **귀찮았어요**.

	‘	미	술	√	시	간	이	√	너
	무	√	싫	고	√	지	겨	워	.’
	점	심	시	간	에	는	√	친	구
들	과	√	축	구	를	√	했	어	요 √
선	우	가	√	슛	을	√	날	렸	어
요	.	하	준	이	는	√	갑	자	기 √
축	구	하	기	가	√	귀	찮	았	어
요	.								

메모

NE능률 문해력연구소

NE능률 문해력연구소는 전문성과 탁월성을 기반으로
국어교육 트렌드를 선도합니다.

달곰한 문해력 초등 문법 2단계

펴 낸 날	2025년 5월 15일(초판 1쇄)
펴 낸 이	주민홍
펴 낸 곳	(주)NE능률
지 은 이	NE능률 문해력연구소
개발책임	장명준
개 발	류예지, 유자연, 김경민
디자인책임	오영숙
디 자 인	안훈정, 조가영, 오솔길, 장수현
제작책임	한성일
등록번호	제1-68호
I S B N	979-11-253-5006-4

대표전화	02 2014 7114
홈페이지	www.neungyule.com
주 소	서울시 마포구 월드컵북로 396(상암동) 누리꿈스퀘어 비즈니스타워 10층 (우편번호 03925)